教學的勇氣
探索教師生命的內在視界

The Courage to Teach:
Exploring the Inner Landscape of
a Teacher's Life

Parker J. Palmer ／著
藍雲、陳世佳／譯

The Courage to Teach

EXPLORING THE INNER LANDSCAPE OF A TEACHER'S LIFE

Parker J. Palmer

各方推薦

> 這是一趟不斷前進、深入、
> 令人激賞的旅程，
> 追求發現教學的真正精神

「跟隨著 Parker Palmer 探索在教學中的『自我』，不僅體驗到從一個全新的觀點看待教學的那份驚喜，更彷彿與這位偉大的教師親自面對面，因為他是如此真實、坦誠地與讀者分享他自己，使我們深深沉浸於他所描述的教學場景中。」

——Russell Edgerton，美國高等教育學會前任理事長

「這是一本深刻的、動人的、熱忱的、啟發人心的著作，描寫教學的呼召、痛苦與喜樂。不論任何年級、任何階段的教師都應該一讀！」

——Jon Kabat-Zinn，《當下，繁花盛開》
（*Wherever You Go, There You Are*）作者

「這本書真是個福音——不僅對教室裡的老師和教育工作者而言是如此，對所有致力於改善這個世界的人更是如此！」

——Joanna Macy, *World As Lover, World As Self* 作者

「Parker Palmer 比其他任何人教我更多有關教與學的事，《教學的勇氣》是為所有人而寫的──不僅是教師們，對領導者、行政主管、諮商員也同樣有幫助。本書持續一致地要求我們認識自己並認同自我，因為『肯定自我』是優越表現的泉源。」

──Margaret J. Wheatley,《領導與新科學力》

（*Leadership and the New Science*）作者

「這本書是一場滿足人心的豐富饗宴──以優美、感性而又精確的文字寫成，同時也是一份珍貴的禮物，要送給所有熱愛教與學的人。」

──Diana Chapman Walsh, Wellesley College 校長

「以一種生動、有力、深情的筆觸，喚起教師的真心，為所當為。」

──Robert Coles,《兒童的精神生活》

（*The Spiritual Life of Children*）作者

目　錄

作者簡介

本書作者 Parker J. Palmer 集作家、教師及實踐家於一身，常就教育、社區、領導知能、心靈及社會變遷等議題進行獨立研究，其研究對象非常廣泛，包括：大專院校、公立中小學、社區組織、宗教機構、企業行號與基金會。他是美國高等教育協會的資深會員、費徹學院（Fetzer Institute）的資深顧問，以及費徹 K-12 教師養成計畫的創始人。

Palmer 常在世界各地的工作坊、研討會及退修會（retreat centers）中擔任指導老師，其論述經常刊登於重要的雜誌或新聞媒體，如：《紐約時報》（*New York Times*）、*Chronicle of Higher Education*、*Change* 雜誌、*Christian Century*、CBS-TV 新聞，以及美國之音（Voice of America）。他也曾多次獲取 Danforth 基金會、Lilly Endowment 及費徹學院的研究計畫經費補助。在 1993 年，他榮獲全美獨立學院委員會（Council of Independent Colleges）頒發的高等教育傑出貢獻獎（Outstanding Contributions to Higher Education）。1997 年，在一份針對一萬一千名美國校長、主任與教師的「領導知能調查計畫」（The Leadership Project）中，曾稱許 Palmer 為美國高等教育界中最具影響力的領袖之一。

　　他的論述讓他獲頒四個榮譽博士學位、兩次 National Educational Press Association 的傑出成就獎，以及各種榮譽獎項，包括由 Commonweal 以及 Christian Century 雜誌社頒發的 Critic's Choice 獎章，也曾被多家出版社收錄並翻譯成多國語言。他的著作包括十本詩集、八十多篇論文，以及多本廣受採用的書籍，如：*The Promise of Paradox*、*The Company of Strangers*、*To Know As We Are Known*，以及 *The Active Life* 等。

　　Palmer 畢業於 Carleton 學院，主修哲學及社會學，在學時曾因表現優異當選 Phi Beta Kappa 榮譽社團成員，並獲頒 Danforth 研究所獎學金。他曾在聯合神學院（Union Theological Seminary）就讀一年，之後進入加州大學柏克萊分校（University of California at Berkeley）陸續取得碩士與博士學位。他目前居住於美國威斯康辛州的麥迪遜市（Madison）。

譯者簡介

藍雲（William Lan）

現任：美國德州理工大學（Texas Tech University）教育學院教授
美國德州理工大學教育心理暨教育領導學系（Department of Educational Psychology and Leadership）系主任

學歷：美國愛荷華大學（University of Iowa）教育心理學博士
美國愛荷華大學教育心理學碩士

經歷：美國德州理工大學教育學院副院長
美國德州理工大學教育學院評量中心（Assessment Center）主任
曾二度獲德州理工大學全校教學特優教授殊榮

研究領域：教育心理學、動機心理學

陳世佳

現任：東海大學師資培育中心、教育研究所副教授

學歷：美國愛荷華大學教育行政博士
美國愛荷華大學教育行政學碩士
台灣大學中國文學系學士

經歷：東海大學教育研究所所長
東海大學師資培育中心主任
東海大學附屬實驗高級中學代理校長
東海大學學務長

研究領域：師資培育、教育行政、生命教育、教師專業發展

誌　謝

　　我在 1983 年出版了 *To Know As We Are Known: Education as a Spiritual Journey* 這本書之後，使我有機會結識來自全國各地不同場合中的教師，包括大學、學院、公立中小學、繼續教育課程、退修會、宗教機構，以及各式各樣的「學習型組織」（learning organizations）——企業界、基金會、社會改革團體等等。

　　與這麼多教育工作者的對話，挑戰我再寫一本可以超越 *To Know As We Are Known* 的書，而這本書必須持續關注教學實務，並同時關注教師的內在生命——對所有我曾見過的教師，雖有許多不同的途徑使他們一生致力於教學，然而這樣的內在生命是相通的。於是我著手撰寫《教學的勇氣》（*The Courage to Teach*）這本書。感謝無數的教師們，因他們的精神一路鼓勵著我，使我能夠完成這本書。

　　我也要特別感謝費徹學院總裁 Robert F. Lehman 先生。我在費徹學院擔任資深顧問，透過一系列的計畫，Lehman 先生讓我有機會在許多長途旅程中得以完成這本書，而他忠誠的友誼對我的內心旅程更是助益良多。我的內心旅程也是這本書的源頭，Lehman 先生深切了解內在生命對行動世界的影響力，他的洞見、友誼和見證，使我深懷感激。

　　在費徹學院的工作拓展了我對教育的經驗，我自己的教學主要

是在大學與成人學習課程中，本書大部分的故事也來自於這些教學
經驗。過去五年多，我因協助費徹學院發展教師養成計畫（Teacher
Formation Program），因此對 K-12（美國幼稚園至高中的義務教
育）教師們的生命也有所認識。教師養成計畫是為期兩年、一系列
的退修會，致力於協助公立學校教師更新自我，目前在伊利諾、馬
里蘭、密西根、南卡羅萊納和華盛頓州都有營地。當這本書付梓之
際，費徹學院正成立一個全國性的教師養成中心（Center for Teacher
Formation），並且希望最終也能發展出一套大專教師的更新課程。

　　從 1994 至 1996 年，我帶領了第一屆的教師養成團體，感謝密
西根公立學校多位非常具啟發性的教師：Maggie Adams、Jack Ben-
der、Mark Bond、Lauri Bowersox、Margaret Ells、Richard Fow-
ler、 Linda Hamel、Eleanor Hayward、Marianne Houston、Kather-
ine Kennedy、Cheri McLoughan、Michael Perry、Linda Powell、
Toni Rostami、Rick Serafini、Gerald Thompson 及 Marcia Weinhold，
因為你們的參與，使得這個實驗課程如此成功。

　　我也要向 Judy Brown、Tony Chambers、Charlie Glasser、Elea-
nor Greenslade、Sally Hare、Marianne Houston、Marcy Jackson、
Rick Jackson、Mickey Olivanti、Megan Scribner、David Sluyter 及
Penny Williamson 表達謝意，你們不僅是一起進行教師養成計畫的
好夥伴，更是我的摯友，因著你們的付出，教師養成計畫才能持續
成長茁壯。還有費徹學院同仁們的付出與辛勞，從接聽電話、留言
登錄、寄發支票、打掃房間、維護地板……到擺設食物，才能使這
個計畫不斷往前走。當然還有計畫的董事們，包括 Janis Claflin、
Bruce Fetzer、Wink Franklin、Lynne Twist、Frances Vaughan、Jer-
emy Waletzky，以及 Judith Skutch Whitson（榮譽董事），謝謝你們
相信並支持這個計畫。

獨立研究是我過去十年的工作型態。雖然我在許多座談會、工作坊或退修會中開課，但我已不再如過去在 Beloit College、Georgetown University 以及 Pendle Hill（Quaker 終身學習社區）時那樣，在傳統教室中向同一群學生開授一個學期以上的課程。

我很感謝能在 1993 至 1994 年間獲聘為肯德基州 Berea 市 Berea College 的 Eli Lilly 客座教授，在那段期間，我重新體認到大學教育的實質，並寫下本書的草稿。我特別感謝 Phyllis Hughes、Libby Jones、Larry Shinn、已故的 John Stephenson，以及 Berea Friends Meeting 的朋友們，是你們的鼓勵讓我能在專業中不斷成長。

身為美國高等教育協會（American Association of Higher Education, AAHE）的資深會員，我也要向該協會的朋友們表達謝意，包括：Russ Edgerton（AAHE 前會長、現任 Pew Charitable Trusts 教育學程主管）、Lou Albert、Pat Hutchings，以及 Ted Marchese。在過去數十年間，他們鼓勵我、幫助我修正工作上的盲點，且引導我與一個不平凡的社群接觸，若沒有他們，我自己將無法與這些傑出的會員們有良好的互動。

這本書的主要內容完成於 1996 至 1997 年，這段期間我從四位能力卓越的編輯中獲益良多，他們的幫助充實了本書的內容，是本書原始內容所不及的。

Sarah Polster 及 Sheryl Fullerton 是我與 Jossey-Bass 出版社合作時的編輯，我感謝他們的支持，以及他們合宜合時的提醒，使本書能挑戰更高水準的呈現方式。

Mark Nepo 身兼詩人、作家、教師和編輯，他仔細用心地校讀我所寫的每一個字，且熱心提供建議、分析內容的優缺點，幫助我能更真確地傳達我的心聲；他幫助我找到適當的器皿來盛裝寶貝，更幫助我發現原先視而不見的珍寶，在此我表達對他無限的感謝。

　　Sharon Palmer 一直用愛來分擔我在寫作期間許多高潮與低潮的時刻,她運用敏銳的眼光,出於愛心的建議,幫助我在遣詞用字上更為清楚易懂,並保持文章精義的完整。獻上這本書,謹表達我對她的感謝於萬一。最後,感謝我的父親,他是我心目中最好的榜樣。

Parker J. Palmer

誌於威斯康辛州麥迪遜市

1997 年 9 月

譯者序

　　教育可能是人類最久遠的社會活動，而教師則可能是人類最古老的職業之一。幾千年的實踐，形成了人們對於教育的一系列理念和信條。應該說，大部分有關教育的理念和信條，是幾千年來老師們智慧的結晶和沉澱。但不可否認的是，其中有些部分不能與時俱進的，已經成為阻礙教育發展的清規戒律。而這些清規戒律根深柢固地植入教育者的心中，成為傳統文化的一部分，有意無意地影響著我們的教育實踐。

　　向根深柢固的傳統文化挑戰是需要勇氣的，因為此代表著逆潮流而動，這意味著敢為天下之先，更意味著可能在傳統之下撞得頭破血流。但是如果沒有挑戰傳統的勇氣，教育將永遠囿於清規戒律的轄制，而不能跟上時代的要求。Palmer 這本《教學的勇氣》正是為了挑戰教育中的傳統理念。更重要的是，他指出這種挑戰傳統的勇氣，並不是來自於學校的行政領導或是校外的社會團體，而是來自於教師內心觀念的更新。這本書的目的，就是要讓老師們對教育和教學過程的基本要素，包括教師、學生、教材及其間的關係，形成全新的概念；讓老師、學生和教材互相連結，形成一個追求真理的群體和空間；讓教與學成為老師和學生共同建構知識的過程。

　　有趣的是，儘管美國教育的歷史相對短暫，它所負載的傳統及清規戒律，卻與有數千年歷史的中國教育一樣積重難返。Palmer 的

書是為美國教育界寫的，可是在翻譯的過程中，我們卻感同身受地
體驗到他所鞭撻的陳腐的教育理念在我們的教學中也同樣存在，並
不禁為他鞭辟入裡的見解喝采。

Palmer 在本書最後一章中所預言的由有志於教育改革的先驅者
組成的改革者同盟，正在美國的學校中出現，並正呼喚著改革的到
來。他們把對優質教學的追求，定義在三個層次上：學術化的教學
（Scholarly Teaching, ST）、教學學術化（Scholarship of Teaching
and Learning, SoTL）及嚴格的教學研究（Rigorous Research of Edu-
cation, RRE）。在第一個層次上，老師把自己的學術成果結合到教
學中；在第二個層次上，老師把教學作為自己學術研究的對象；在
第三個層次上，老師運用嚴格的研究方法（包括定性和定量方法）
了解教學的過程。目前投身於這一改革運動的，有來自各領域、各
學科的教師們，他們認為目前美國大學中對優質教學的追求還只停
留在第一層次上。在他們為提高教學品質而舉辦的研習會上，
Palmer 的《教學的勇氣》常常是被推薦的閱讀書目之一，可見
Palmer 對教育和教學的見解反映了改革者的共識。

將 Palmer 在這本書中所提出的見解介紹給國內的老師們，以
推動我們對教育及教育改革的反思，正是我們翻譯這本書的初衷。

序 論

發自內在的教學

Teaching from Within

◇　　◇　　◇

哦，不能分割，
即使是星河規律間最小的縫隙。
內在，究竟是什麼？
如果不是湛深的天空，
有著鳥兒乘著歸巢的風鼓翼穿越。

——選自 Rainer Maria Rilke，〈哦，不能分割〉（Ah, Not to Be Cut Off）

我教即我在

我衷心認同自己是一位教師。在課堂上，我的喜樂常常溢於言表，當我和學生一起探索知識中尚未開墾的處女之地時，當我們從學術的迷失中豁然開朗時，當我們經歷心智的開竅而融會貫通時，我覺得教師真是世上最棒的職業。

但是，也有些時候，教室裡是死氣沉沉的，學生們覺得困惑、痛苦，彷彿度日如年。而身為老師的我卻無計可施，甚至覺得自己都不配稱為老師了。那種四面楚歌的感覺：學生像是從外星球來的；課程的內容我似懂非懂；我懷疑自己是不是有病才選擇了這個職業謀生？我是何等愚蠢，竟認為自己已經掌握了教學這個高深莫測的工作——教師簡直不是凡人可以勝任的工作！

如果你的教師生涯始終一帆風順，或者，即使你有過不順遂的經驗，但是你不在乎，那麼，這本書不是為你而寫的。這本書是為那些在工作中有歡笑、有眼淚（那眼淚與痛苦乃出於對教師生涯熱愛）的老師們所寫。這本書的寫作是為了那些熱愛學生、熱愛學習、熱愛教學生命、常懷赤子之心的教師們。

如果你也像許多老師們一樣熱愛教師的工作，那麼能讓你擺脫教學困擾的唯一方法，就是更深地投入。唯有親身投入、面對教學工作中的困難，才能更了解、更嫻熟地駕馭它們。這不但是為了維護教師的精神，更是為了建造我們的學生。

教學困擾的主要成因有三項，前兩項很常見，但屬於基本成因的第三項卻極少受到關注。第一，我們所教的課程內容博大精深，像生命一樣複雜；相對而言，我們擁有的知識卻總是片段殘缺、易有瑕疵。無論在閱讀及研究上如何精益求精，想要對教授內容完全

了然於心，仍是可望而不可及。第二，我們所面對的學生甚至比我們所教的內容更為複雜。想要清晰、全面地了解學生，在任何時候對他們都能恰如其分的應對，恐怕需要同時擁有佛洛依德和所羅門的智慧。我們中間有幾人能夠做到呢？

如果課程內容和學生即是教學工作複雜性的全部，我們或許還能找到解決問題的標準答案：盡其所能地了解我們所教的學科，學習足夠的教學技巧以預防學生可能會發生的問題。但是，讓複雜的教師工作變得更為複雜的另一個原因是：我教即我在（we teach who we are）。

教師的工作如同任何其他的人類活動，是我們內心世界的外在表現。當履行教師的職責時，我把自己內在靈魂的狀況投射在學生身上、在所教的科目上，以及在我與學生的課堂互動上。我在課堂中所經歷的困境，或多或少是自我內在困擾的反映。從這個角度來看，教學工作其實是內心靈魂的一面鏡子，只有當我有勇氣直視鏡中的自我且不逃避時，我才有機會獲得自知之明。自知之明對教學工作的重要性絕不亞於對課程及學生的了解。

事實上，我們對課程和學生的了解在很大程度上也取決於老師的自知之明。當我不了解自己的時候，我也無法真正認識我的學生。因為對自己的人生未加審視，我會戴著幽暗的有色眼鏡來看待我的學生。如果我不能夠清楚地了解我的學生，我不可能教好他們；如果我不知道我是誰的話，我也不可能了解我要教的科目，更不能賦予我所教的內容以切身的、身歷其境的深刻意義。對我來說，我所教的知識只是一些不真實的、抽象而遙遠的概念堆砌。

「自知之明」不是自私或自戀。我們在了解自我方面的任何長進，都將有益於我們的學生和我們所教的課程。好的教學必須有自知之明：這是一個隱藏在淺白真理下的祕密。

內心與外在的世界　　◎

　　這本書探索教師的內心世界，但也關注教師內心世界之外的問題：教師的自我如何成為公共教育和教育改革議題中應被探討的主題？

　　無論是對於我們個體或集體的生存，或是對於改善我們的生活品質，教與學都是至關重要的。如果我們不致力於發展教與學的能力，時代改變的步伐會讓我們逐漸陷入複雜、困惑及衝突中，進而摧毀我們。同時，對教師的攻擊正成為老少咸宜的遊戲；迫於時代的需求，人們需要為無法解決的問題和無法承受的罪責找到代罪羔羊。

　　教師自然而然地成為代罪羔羊，因為他們是平凡而又無力還手的一群。我們責怪他們不能解決社會問題，縱然誰也不知道那些問題該如何解決；我們堅持教師們應該馬上採用任何人才剛炮製出的「靈丹妙藥」來解決問題，但在這個過程中，我們卻也讓這群解決問題的老師們士氣低落、癱瘓無力。

　　在倉促上路的教育改革中，我們忘記了一個簡單的事實：如果我們任憑我們的老師地位低下、士氣低落的話，光靠著增加撥款、改造學校、設計課程、改寫教材是不可能實現教育改革的目標，因為所有這一切都有賴於教師來完成。教師必須有更好的待遇、不受官僚體制的羈絆、有學術的自主權，並擁有最好的教學材料和教學方法。但是，上述這些仍無法促成教育的轉型，除非我們呵護（也挑戰）一切好的教育實踐之源：教師之心。

　　我們的社會正成為重要教育改革對話的公共論壇。這場對話的結果與所提的問題息息相關。這本書要提出一個在這場對話中未被

論及的問題，此一問題甚至在培育教師和聘用教師的場合中也未被討論。但是，在任何涉及優秀教學的努力中，都應該問這個問題，因為它觸及教師的心靈，並引導我們思考更深層次的一些問題。

- 我們最常問的問題是「什麼」——我們應該教什麼科目？
- 如果對話再深入一點，我們會問的問題則是「如何」——要如何運用各種教學方法和技巧才能教好？
- 如果再進一步探討，我們有時候會問「為什麼」——我們為什麼而教？目的是什麼？
- 但是我們極少、甚至從來不曾問過有關「誰」的問題——這位教學者的自我（self）是誰？教師自我的品質如何影響他與學生的互動、影響所教的科目、影響他的同事、影響他的整個教學生涯？教育機構應如何培養或發展與教育品質休戚相關的教師自我？

我不否認「什麼」、「如何」和「為什麼」等問題的重要性，但我也不認為僅有這些才是值得探討的問題。這些問題能幫助我們洞察教學的奧祕，但卻未涉及我在這本書中所要探索的境界——教師自我的內心世界。

要充分描繪此一內心世界，需要透過三條重要的途徑：智力（intellectual）、情感（emotional）和精神（spiritual），並且缺一不可。把教學簡化為智力活動，教育就變為冰冷抽象的概念；把教學簡化為情感活動，教育就變為老師的自怨自艾；把教學簡化為精神活動，教育就失去了與現實世界的聯繫。智力、情感、精神相互依存不可分割，三者交織於自我和教育之中，而我則試圖將此三者交織在這本書中。

「**智力**」在這本書中指的是人們對教與學的定義：我們對學

生、對學科本質、對人類如何學習、對學習的內容及形式等等的想法。「**情感**」在這本書中指的是老師和學生在教與學的過程中的感受，是師生之間相互消長的情感體驗。「**精神**」在這本書中指的是我們內心回應連結於大哉人生的渴望，這種渴望激勵著愛與工作，尤其是我們所從事的教學工作。

正如里爾克（Rainer Maria Rilke）在卷頭那首詩中對這種渴望的描述：「哦，不能分割。」他認為這種精神上對連結（connectedness）的追求，如果被準確理解的話，就能引領我們從隱藏的內心進入有形的大千世界。

藉著意象，里爾克對於這不可思議的連結提供了盡善盡美的描述。在那裡人的內心和外在的現實是水乳交融地互相交流，如同牟比烏斯單側曲面（Möbius strip）那樣流暢地從一面進入另一面，不間斷地創造著我們和我們所居住的世界。雖然本書的主旨是關於教師的內心世界，它卻也總是涉及到教與學賴以進行的外部社會。內心對感情交流的追求變成了我們對外在關係的追求：能夠坦然面對自己內心靈魂的人，一定更能坦然面對他人。

當許多老師正為著教學工作而苦苦掙扎時，我對老師內心世界的關注，似乎顯得有些奢侈，或者根本無關痛癢。有時我也會捫心自問，若是提供一些教師們可以在日常教學中運用的小技巧、技術或方法，這樣是不是比較實際些呢？

這個問題的確困擾我。因為在過去的二十年中，我一直運用這本書所採用的取向，為各類教師舉辦研討會及研習活動。我曾與無數的教師們合作過，他們也印證了我的經驗：教學方法固然重要，可是，我們在工作中所能得到最實際的成就，莫過於審視我們在工作中的內心世界。對自我內在的認識越透徹，教師生涯的工作和生活就越踏實。

在許多以傳授治療技術為目的的訓練班中，我聽過這樣的說法：「只有在治療師來的時候，你才會去用那些治療技術。」好的治療方法確實能夠幫助治療師了解病人的困境，但要治療方法真正發生效用，卻一定是在治療師與患者的實際生活發生聯繫之後。

同樣地，教學技術只有當真正的老師來臨時才會變得有用，而這本書的目的就是幫助那樣的老師出現。如果個體內心世界的改變確實能帶來外在的實際效果，那麼，我們在這裡是用另一種形式討論實用性問題：教育機構該如何支持老師的內心生活？教育機構有沒有責任這樣做？

這個問題的答案值得我們深思，我們會在第六章中專文論及。但現在我要換一個角度來問這個問題：如果學校不支持老師們的內心生活，它何以教育學生呢？教育，意味著引導學生透過內在的歷程，進而形成對世界更真實的看法和行為。如果不鼓勵教師們探究其內心世界，學校怎麼可能完成這樣的使命呢？

一條荒徑小路

有些人認為，教育改革如果不把焦點從教師轉移到學生，改革就不算成功。對這樣的人來說，我把注意力聚焦在老師身上的觀點似乎是老調重彈。

我毫不懷疑教育的重點在於學生的學習，而不是老師的教學，然而，學有所成的學生永遠是老師教學的美好果實。我也從不懷疑學生可以透過各式各樣多元的方法來學習，甚至不一定需要課堂上的老師，也不需要教室。

但我同樣堅信，演講廳、研討室、實習場所、實驗室、多媒體教室，這些是絕大多數人接受正規教育的場合。老師在這裡仍然扮

演很重要的角色，他可以規劃一個幫助學生學習的教學環境，或讓學生會不想學習。教學行為即是有意識地營造教學環境，要有好的教學就一定要了解產生這一行動和動機的內在泉源。

我大部分的教學生涯是在大學中教授成人學生。但近年來，透過與義務教育中從幼稚園到高中的老師們一起工作，大大地豐富了我的教學經驗。我從這些中小學的同僚們身上學到很多，其中包含這兩件：第一，在不同年級或不同學習階段學校中工作的老師們，其共同性比我們想像的要多得多；第二，我們不該輕率地認為「高等教育」就真的比較高等。

幼稚園老師的教學藝術很可能比我們這些擁有博士學位的老師來得高明，可能因為幼稚園的學生更像「國王的新衣」那個故事中的孩子。他們根本不在意你是從哪個研究所獲得的學位、誰是你博士論文的指導教授，或是你寫過多少本書，但是他們很快就能感覺出你是不是「真的」，並根據他們的感覺來回應你。孩子們這種天真的洞察力更堅定了我的信念：在任何一個層級的教育中，老師的自我是教育的關鍵。

「教學者的自我是誰？」這個問題是這本書的核心所在，但要回答這個問題比我想像的還要困難得多。在寫作本書的過去五年中，我終於了解到「什麼」、「如何」、「為什麼」這些問題多麼誘人：因為這些問題相較之下比較容易回答，並且也容易轉換成可以得到經費補助的專案計畫書。

但是，我仍然堅持回答有關「誰」的這個問題。因為在教育改革的呼聲中，這是一條人跡罕至的荒徑小路，但這條小路卻引導我們發現優質教育所必需的人的內心資源。這是我們以往的改革未曾達到過的理想境界，我們應該派遣探險隊去探索教育改革每一條可能的途徑。

　　讓我堅持回答「教學者的自我是誰？」的另一個原因是，這個問題是我自己教學生涯的核心問題。我相信對學生和他們的學習而言，對教育和教師而言，這也是最根本且最重要的問題。不論是個別或集體開誠布公地討論這個問題，將使我們能更忠誠地教導我們的學生，更提升我們自己，更和諧地與同事合作，讓教育帶給這個世界更多的光和生命。❀

第 一 章

教師的心
在教學中的認同與人格統整

The Heart of a Teacher
Identity and Integrity in Teaching

◇　　◇　　◇

現在，我終於成為我自己。
歷經滄桑，歲月蹉跎；
我曾經被溶解、被撼動，
也曾以他人的面貌出現……

——選自 May Sarton，〈現在我終於成為我自己〉（Now I Become Myself）

教學不僅靠技巧

　　這年的夏末初秋，我走進教室，開始了我教師生涯的第三個十年。這是我開始撰寫本書前不久的事。

　　想到還能有教導學生的機會，我懷著感恩的心情走進教室。教育比我所知道的任何其他工作都更需要我全心全意地投入。可是那天傍晚回家時，我不得不再次悲傷地承認，我可能永遠無法掌控「教師」這項具有挑戰性的職業。由於某些學生曾帶給我一些衝擊，加上我自己的笨拙，我又一次思考這個重複出現的問題：在我這把年紀，是否還來得及另起爐灶？是否還有可能找到另一份我有信心勝任的工作？

　　第一堂課的學生如老僧入定，他們完全不理會我近乎無恥的哀求，始終無動於衷。我很快就發現到自己陷入了長久以來一直揮之不去的一種恐懼：我這個老師一定是乏味到了極點，以至於片刻前還在教室外的走廊上談笑風生的這群年輕人，現在似乎都像是癱瘓了。

　　第二節上課，他們倒是開口了，但他們的討論很快就起了衝突。某位學生堅持另一個學生的觀點太過於瑣碎，根本不值得討論。我掩飾著我的不安，並且鼓勵學生們要學會傾聽不同的意見，但是課堂氣氛已經被搞砸了，對話也停止了。這讓我又陷入了另一個揮之不去的恐懼中：當我的學生們開始討論時，我一直是笨拙地處理著他們之間的衝突。

　　我曾教授過數千名學生，參加過很多教學研討會，觀摩過許多老師的教學，閱讀過大量關於教學的書籍，也曾反思我自己的教學經驗。就方法而言，我可說是裝備精良。但每次開始教一個新的班

級，我都覺得必須重新來過。我所面臨的問題相信所有的老師並不陌生，這個問題通常也會周而復始地在我們未防備的時候出現。儘管從外在看來，我們面對這些問題的反應是一年比一年成熟，但在內心，卻仍像個新手那樣手足無措。

　　三十年來，我苦苦追求教學技巧所得到的結論是：當我和我的學生們面對面開始進行一種我們稱之為「教學」的活動時，我所掌握的教學技巧雖未消失無蹤，卻仍顯得貧乏。當面對學生的那一刻，我唯一的應對對策就只能靠教師對自我的認同，靠我本身，及我對「我」的感受；失去了「我」，我就無法感受那身為學習者的「你們」。

　　這本書建立在以下這個簡單的前提：**優質教學不可以簡化為教學的方法和技巧；優質教學來自教師的認同（identity）與人格統整（integrity）。**

　　這前提很簡單，但卻不容易做到。若要用上述文字來說明我有所為或有所不為的每一件事，將十分費時。有個方式可以簡單說明：在我教授的每一門課，我的教學能力能否與學生們在課程進行時互相交流，取決於我能不能了解自我，以及能不能為了學生的學習與自身的教學而開放自我，而不僅僅是依賴我所使用的教學技巧。

　　此一論點，有一部分來自於這些年來學生們與我分享他們心目中好老師的形象。聽了他們講述的故事，我得知好老師們並非都運用相似的教學技巧。有的老師口若懸河，有的惜字如金；有的緊扣教材，有的天馬行空；有的諄諄誘導，有的疾言厲色，然而，他們都是學生心目中的好老師。

　　在我聽到的每個故事中，好老師們都具有將其自我認同強烈融入於工作之中的共同點：「A老師盡心盡力教課」、「B老師對他

所教的那門課充滿熱情」或者「教書簡直是 C 教授生命的全部」。

我聽過有位學生這麼說,她說她無法描述曾經遇過的好老師,因為他們彼此間各有不同;可是她卻可以描述出她遇過的不好的老師,因為他們全都一樣:「他們所說的話像氣球似地浮在他們的眼前,就像是漫畫中的人物在說話一樣。」

她的描述真是貼切。不好的老師對他們所教的內容保持距離,因此在教學過程中,他們也對學生保持距離;而好老師會將自我、授課內容和學生,織入生命的經緯中。

好老師具有這種能力,他們能將自己、學生和所教的內容編織成一張錯綜複雜的網,並引導學生學會如何在自己的世界中也編織這樣的網。這些方法十分多元:講述、詰問、實驗、合作問題解決法、創新教學等。好老師編織的關鍵不在於使用的方法,而在於他們的內心。這裡的「**內心**」(heart)指的是傳統的含義,即智力、情感、精神和意志所組成的人類自我。

當一個好老師用生命之線將自己與學生及教材編織在一起時,他們的內心就如同織布機,在那裡經緯線緊密交織、維持張力、梭子來回飛舞。然後,小小的契機讓教學撥動了心弦,打開了心門;但也可能傷透了心——越是熱愛教學的人,越有可能傷心。所謂教學的勇氣就是持續保持開放心胸的勇氣:在一些關鍵時刻,當學習和生活要求老師的內心承受超乎其所能承受的時候,若教師仍願意勇敢開放自己,教師、學生和學科內容便有機會編織成美麗的綢緞。

教學不能被簡化成教學技巧對老師來說既是好消息也是壞消息。說它是好消息,是因為我們不必再為「怎麼教」這種教學觀所帶來的無趣問題而困擾。教師之間似乎本來就很少針對教學做深度的對話,我們若認為教學只是一些小方法、小技巧的話,對話有何

意義？這一類的對話不足以觸動教師的內心。

比這更好的消息是，假若教學不能被簡化為教學技巧，我就不必削足適履，把自己特別的教學天分硬塞到別人所設立的方法和標準內。今日整個教育界對這種削足適履深感其痛，因我們往往只推崇某種教學法，讓使用其他方法的老師覺得自己一無是處，迫使他們用他人的標準來衡量自己的教學。

曾經有一位教授在我的教學研討會開始前，把他多年來在類似的教學研討會中所累積的抱怨一股腦兒向我傾倒。他說：「我是有機化學家，你是不是打算在這兩天的研討會中，教我怎樣用角色扮演（role-play）的方法來教有機化學？」我們必須找到一個尊重教師及教材差異的取向來討論教學，這正是方法至上論者無法做到的一點。

好消息固然不錯，卻也有讓人氣餒的一面。對於優質教學而言，如果教師的自我認同與統合比教學技巧更為重要的話，每個想要成為好老師的人，都必須對現在學術文化移風易俗：我們必須透過彼此間的對話，談論我們的內在自我。這樣做很冒險，因為我們這個職業懼怕談論私人的事；只處理技術性、抽象的、有距離感的理論，比較有安全感。

最近我所聽到一群教授們的討論讓我體驗這種冒險的感覺，他們討論的議題是：如果學生在課堂上分享個人的生活經歷時，老師們該怎麼辦？儘管學生們所分享的經歷確實與課堂的教學主題相關，有的老師仍認為，這類的分享可能「更適合於心理諮商會談，而不是大學課堂上的討論」。

果然不出所料，教授們很快就分成了兩種意見。一邊是一群學者們，他們認為教學內容是他們的主要關注，不應該混雜著學生的生活。另一邊是一群學生中心（student-centered）論者，認為學生

的生活永遠應該擺在第一位,哪怕為此犧牲一些課程內容也在所不惜。雙方越是各執一詞,就越是水火不容,也就越難從討論中對教學法或對自己有更深一層的認識。

爭辯的兩造看來似乎毫無交集——直到我們了解爭辯從何而來。就本質而言,這些教授並不是在爭辯教學技術。他們乃透過不同的方式表露彼此不同的自我認同與統整,例如:「處理教材和學生生活之間的關係就是我個人的底線。」

如果身為教師的我們停止彼此間針對教學法的無謂之爭,並能開始討論「**我們是誰?**」這樣的問題時,一件值得注意的事就可能發生:自我的認同與統整開始在我的心中和我們中間成長。然而,在方法論之爭中,兩軍壁壘分明,極力防衛自己的既有觀點,只會使得自我認同與統整更為僵化。

教學與真自我

優質教學來自於教師自我認同與統整,這種主張聽起來彷彿是自明之理,也像是老生常談:好的教學來自於好的人(good teaching comes from good people)。

但我所謂的自我認同與統整不僅是崇高的特質或良好的行為,也不是為了掩蓋自我的迷惑與失措而裝出一副勇敢的樣子。自我認同與統整既和我們的長處及潛質息息相關,也與我們內心的陰影和不足、傷害與恐懼密不可分。

我認為**自我認同**是一個不斷形成的過程,與每個人生命中各種力量匯集而成的自我(self)有關:我的基因組成、我父母的人格、我成長的文化、我周圍所有幫助過我或傷害過我的人、我對自己和周圍的人所做過的好事或壞事、愛和苦難的經驗、還有更多更多

……。在這一切的錯綜複雜中，自我認同是一個變動的、內在與外在力量折衝的結果，這些力量造就了我之所以為我，也是人之所以為人的奧祕之處。

對我而言，**統整**意指我在這些形成和改變我生活型態的各種因素間所能找到的完整性。人格統整需要我能夠分辨哪些是構成「我」的要素，哪些適合我，哪些不適合，然後我選擇與那些能讓我內心和諧的因素相連結：我應該歡迎它們或懼怕它們？接受它們或拒絕它們？隨之起舞或抵制它們？藉由人格統整的抉擇，我變得更完整；但完整並非完美，只是透過了解完整的自我，讓自己更為真實。

自我認同與人格統整不像小說中的英雄那樣堅毅明確，它由許多細微面向組成；而自我發現是一個複雜的、費力的、終身的過程。**自我認同**是我生命中各種力量匯集的結果，**人格統整**則是與這些力量的互動。這些力量能帶給我完整感與生命，而非分裂感與死亡。

以上是我對自我認同與人格統整的定義，我雖試著給它們完美的修辭，但似乎總有不足。自我認同與統合永遠無法被人完全認識或說明，包括我們自己在內。在我們的一生中，它們既熟悉又陌生，偶然在驚鴻一瞥中，似曾捕捉到它們的存在，但真實感卻又如此虛幻。

運用實例是描繪它們最好的方法。在這裡我要講一個關於我所認識的兩位老師的故事。他們的故事比任何理論更能幫助我了解自我認同與統整的微妙之處。

愛倫和艾略克來自兩個不同的家庭，家族成員雖然都只是沒受過多少教育的鄉下人，但卻個個有著超凡的手藝。這兩個男孩從小就展現出他們在工藝方面的天賦，也從這份優越感中逐步發展自我。

　　兩人還有一個共同的天分：在學校的成績優異，並成為他們家族中的第一位大學生。兩人在大學裡也是同樣成績優秀，都申請進入了研究所，且都得到了博士學位，並都選擇了學術生涯。

　　但之後，兩人開始分道揚鑣。雖然手藝精湛是兩人自我感受的重要成分，愛倫把這一部分的自我成功地織入他的學術生涯，但艾略克卻始終未能做到這一點。

　　當十八歲的艾略克從家鄉的小鎮轉到精英薈萃的私立大學時，他經歷了文化震撼，並且似乎一直未能從震撼中恢復過來。當年與同學相處時，他常感到忐忑不安；日後他與那些他認為比他更有教養的同僚相處時，也有一樣的感覺。儘管他學會了學者的言行舉止，但當他與那些被視為出身顯赫的同事們在一起時，總覺得自己像是做了虧心事。

　　然而，這樣的不安全感並沒有改變艾略克的作法，也沒有引發他深入地自我省思。相反地，他把這種不安全感帶入他的教授生活中，堅信最好的防衛就是進攻：他不加深究便魯莽地下判斷；從別人所說的話中只聽到負面消極的意思；每件事都與人爭辯；在駁斥他人時總是語含譏諷。

　　在課堂上，艾略克嚴厲又尖刻，經常斥責學生不該問「愚蠢的問題」，又用自己似是而非的問題引學生入甕，然後殘酷地嘲笑錯誤的答案。彷彿他教書的唯一目的就是折磨學生，把自己在學生生涯中所感受到的那種因自我內心窘迫的痛苦，加倍地施加在學生身上。

　　但當艾略克回到家裡，回到他所熟悉的木工桌旁，沉浸在手藝工作中時，他又找回了自我。在家中的世界，他變得溫和、可親，待人殷勤。當他回歸到他的根源，專注於真實的自我，就能找回那寧靜、自信的重心；但一回到他的學術世界，這重心馬上消失。

　　愛倫的境況就不一樣了。從鄉間到大學校園的轉變並沒有帶給他強烈的文化震撼，部分原因是因為他就讀的是公立大學，在那裡有許多與他相同家庭背景的同學們。他從來不需要隱藏自己精湛的手藝，相反地，他以此為榮，並將其轉化為在學習、教學和科學研究中的能力，就像他的祖先以做木工和打鐵為榮一般。

　　看著愛倫上課，你真的能感受到像在看一位手工精湛的巧匠在展示他的技巧。如果你知道他的背景，就了解這樣的說法不只是個比喻。他講課既注意細節，也擅用手邊教具；他的論點前後呼應，且總能夠完美無缺地做一總結。

　　然而，愛倫的講授比能工巧匠所顯示的技巧更為深刻。他的學生都知道，只要他們需要，愛倫老師隨時準備接納他們，收他們為徒，就像愛倫的父兄們當年幫助他學會他最初的手藝一樣。

　　愛倫的教學基於他完整的自我，這是作為一個好老師所必備的狀態，也是這本書的中心概念。在如此完整的自我中，個體生活經驗中的每一線索都是重要的，織成一張堅固完整的網，可用來承受學生、學科內容和自我。內在統整完全的自我，並向外延伸造就優質的教學。

　　但是艾略克沒能把自我認同的核心編織到他的學術生涯中，他分裂的自我像南北戰爭般對立。他把這種內心的掙扎投射到外部世界，使教學變成了爭鬥而非藝術。分裂的自我將永遠把人推開，甚至可能用詆毀他人的方式來保護自己破碎的自我。

　　如果艾略克在大學讀書時沒有那段煢煢孑立、形影相弔的孤獨經驗，或假若這段經歷能讓他自我反思而不是自我防衛，他也有可能如同愛倫般，在自己的學術職場上找到自我的統整，有可能把屬於自我的重要成分結合到他的工作上。但是自我的奧祕之一就在於，沒有一個放諸四海而皆準的模式，某人統整自我的方式不一定

適用於其他人。在艾略克的生活中，比比皆是的證據不斷地提醒他：學術生涯可能不是他願意付出畢生的選擇，不是一個能讓他的自我健康發展及完全展現的場域，也不是一個能包容他獨特本質的職業。

自我不可以無限延伸，它有其潛質的局限性。如果我們在工作中缺少自我統整，我們自己和與我們共事的人都會感受到痛苦。愛倫的自我因為他的工作而擴展，他在工作中的喜悅是顯而易見的；而艾略克的自我因在學術界遭遇困境而減損，因而，更換職業可能是他重新找回完整自我的唯一選擇。

甘地稱自己的生命是「真理的體驗」（experiments with truth），是生活中各種力量逐步整合的體驗，好讓我們學到更多自我統整的方法。我們學習知道哪些經歷讓我們生氣盎然，哪些讓我們心靈枯萎，然後，我們透過抉擇成就出自我的統整。

體驗本身帶有風險，因我們不能預先知道哪些經歷會讓我們生氣盎然，哪些會使我們精疲力盡。但是，如果我們要加深對自我統整的了解度，我們就必須體驗，然後，再根據檢視體驗後的結果做出抉擇。

馬丁・布伯（Martin Buber）言道：「真實生活的全部就如風雲際會」（All real living is meeting），而教學是無窮盡的際會。對所有新的際會都要能敞開心房，選擇那些與自我一致的，放棄那些與自我衝突的。有時，這是一項令人厭倦，甚至望而生畏的任務。我時常企圖隱藏在角色和職位的背後，希望減少與同事或學生接觸的機會，以逃避某些勢必會有的爭論與對立，來保護自我的感受。

每當我屈從於這種誘惑時，我的自我認同與統合就被削弱了，我也逐漸失去了身為教師的熱情。

當教師失去心中的熱情

　　我們當中有許多人當老師是出自於內心對教學的熱愛，對某一學科的熱忱，及幫助他人學習的熱情。但是我們心中的熱情似乎會隨著教學年月增長而漸漸流失。我們怎樣才能重新啟動心中的熱情，如何像所有的好老師那樣，用熱情來感染我們的學生？

　　我們之所以失去了這份熱情，有一部分是因為老師這個職分每天都處於一個容易受傷的情境中。我不需要暴露自己任何的隱私，就可以感覺到自己好像是赤裸般地面對著學生。當我在黑板上做句法分析或解題證明，而學生們卻打瞌睡或傳小抄時，我就會感到受傷。無論我教授的學科多麼具有複雜性，只要我在意我教授的內容，我所在意的都能幫助我定義自我。

　　與大多數職業不同的是，教學始終要求老師活在個人生活與公共生活的危險交集處。一個心理治療師的工作必須是完全隱祕且不公開的，哪怕只是洩漏了當事人的名字就會被視為有違職業道德；一個好的辯護律師的工作卻必須是公開且不為個人好惡所左右的，一個律師如果因為自己對委託人的情感而影響對委託人的辯護，就可說是有虧職守的。

　　但一名好老師卻必須置身於個人與公共事務的交集處，在接踵而來的各種關係之間折衝樽俎，遊刃有餘，就像是試圖徒步穿越車水馬龍的高速公路一般。當我們把自己與我們的學生、以及與我們所教授的內容相連結時，我們就把自己和我們所熱愛的學科暴露在公眾之前，任人冷漠攻訐，嚴厲批判，冷嘲熱諷。

　　要想減輕受傷害的可能性，我們可以將自己與學生隔離，與自己教授的內容隔離，甚至與真實的自我隔離。我們在真實的自我與教

學表現之間築起一道牆，讓老師的生命歷程成為一種表演，於是我們課堂上言不由衷的話語開始成為「漫畫人物的語言」，而我們自己也變成漫畫人物了。我們藉由隔離自己與學生和學科來降低危險，殊不知這樣的隔離使我們自己的生活產生更大的危機。

處於懷疑個體真實性的學術氛圍中，我們強化了分裂自我個性的「自我保護」意識。儘管學術界聲稱尊重認知的多元模式，但學術界只尊崇一種模式——「客觀」的求知途徑才能引領我們進入「真實」的世界，但這卻會讓我們「失去自我」。

在這樣的學術氛圍中，好像只有客觀的事實才屬純潔無瑕，而主觀的感受則被視為可疑的或難登大雅之堂。在這樣的學術氛圍中，自我不是應該被發掘的泉源，而是應該被壓抑的危險；自我不是可被實現的潛能，而是需要克服的障礙。在這樣的學術氛圍中，完全隔絕自我的病態教學反被當成美德而受到重視。

如果你認為我對學術界摒棄自我的描述言過其實的話，讓我告訴你幾年前我在大學教書的一段故事。

我交代學生一項作業，要他們閱讀一些教材並就所論及的主題，寫一系列的分析短文。然後，我又交代他們就每一個相關主題，寫下他們個人有關的經歷，我希望藉此讓我的學生看到書中內容和他們個人生活之間的關聯。

第一堂課後，一位學生問我：「你要求我們寫的個人經歷中，可不可以用『我』這個字呢？」

我感到哭笑不得，但是我知道我的回答對這位敞開自己、預備被嘲笑的年輕人將會有莫大的影響。我告訴他，他不但可以在短文中用「我」這個字，我也希望他可以經常地、自由地使用「我」這個字。然後，我問他為什麼會有這樣的問題。

「我是主修歷史的，」他說：「每次我在作業中用『我』，成

績就會少了一大半。」

不能說「我相信」，而要說「一般相信的是」，這種詆毀主觀感受的學術偏見不僅讓我們的學生寫作水平低下，也會壓抑他們能形成對自我和所處世界的看法。就此一舉，我們不但誤導學生把拙劣的看法變成事實，也讓他們與他們的內在生命更加地疏遠。

教授們經常抱怨說，學生不在乎教育所能帶給他們的真實回饋──對事理的洞見與理解；他們只關心在「真實」世界中的短期好處：「我所主修的專業能讓我找到工作嗎？」「在『真實』生活中，這種作業有用嗎？」

但這並不是學生們內心深處的問題，這些僅是他們被教導要關注的問題，不僅那些為孩子支付高額教育費的家長們希望孩子能有就業前景，學校的學術文化也推波助瀾，要學生懷疑和貶抑他們的內心世界。無怪乎我們的學生對於教育能造就人心早已不以為然：因為我們教導他們，主觀的自我是無價值的，甚至是不真實的。他們譏諷的態度證明了，當整個學術氛圍捨棄了內在的真實，只看重外在世界時，學生和老師們都失去了教與學的熱情。

如何能讓我們為了我們的學生，為了教學改革，也為了自己，重燃心中的熱情呢？這是個簡單的問題，卻挑戰著所有教學改革背後的一項基本假設──人們總是假設有效的教學改革不是來自人們的內心，而是來自外在的因素，如預算、方法、課程、教學手段等因素的重新組合。更進一步說，這個問題對推動西方文化的現實和力量的基本假設提出挑戰。

任何文化的基礎都建築在「哪裡是現實與力量的所在」（where do reality and power reside?）的答案之上。對某些文化而言，其答案是神祇；對另一些文化而言，是自然；對另一些而言，是傳統。在西方文化中，答案是顯而易見的：現實與力量存在於外在世界的

事物與事件中，存在於研究外在世界的科學中；而我們內心的真實世界只是一種浪漫的想像，是我們對嚴酷現實的逃避，但絕非是可以支撐「真實」世界的來源。

我們熱中於控制外在因素，因為我們相信它們將會給我們帶來超越現實的力量，並讓我們在限制條件下獲取一些自由。我們對於新技術的迷戀，來自於我們對內在世界的蔑視。我們把所面對的問題轉化成一個個客觀的、有待解決的難題，然後相信對每個客觀的難題一定會有個技術上的解決方法。這也就是為什麼我們培養出能治病卻無法關顧病患心靈的醫生；用公司執行長的那一套管理教會，卻不能引導人們探索心靈的神職人員；以及熟知教學技巧，卻不知道如何涉入學生靈魂的老師。

迄今為止的歷史，應該已經清楚顯明了這種外在的「修復法」不足以維繫真正關注教學者心靈深處的熱情。教學機構的改革是緩慢的，而我們忘記了「我們」也是機構的一部分，以為我們只要等待著、依靠著「他們」為我們做改革。我們延遲了改革的發生，漸漸變得越來越憤世嫉俗，這是很多教職生涯的寫照。

除了等待，我們可以另闢蹊徑，讓我們可以重新獲得對內在力量的信仰而改變我們的生活和工作。我們當初選擇教師這一職業，不正是因為我們相信我們的思想和洞察力至少和我們周圍環境一樣真實有力嗎？現在我們必須提醒自己，我們的內心世界賦予我們影響外在事物和事件的力量。

詩人兼政治家哈維爾（Václav Havel）為內在力量的信仰提供了有力的見證。哈維爾是紫色革命（Velvet Revolution）的領袖，他將捷克斯洛伐克從蘇聯統治下解救出來。與教育改革所面臨的困難相比，紫色革命所要克服的困難要嚴重得多。

　　哈維爾後來成為捷克總統，他曾著書描寫自 1968 年布拉格之春以後，捷克人民在「磐石般沉重」的國家機器下被壓迫的時日。他描述人們意識中的種子如何成長發旺，終於在短短二十年後推翻了貌似牢不可摧的獨裁控制。他說：「這個經歷讓我形成一個堅定的信念，……人類世界的拯救建造在人心之中，也建造於人類反思的能力以及堅韌和責任感之上。人類若沒有在內心產生意識的革命，這個世界不可能變得更好。而這個世界所面臨的萬劫不復的災難也終將不可避免。」

　　哈維爾幫助捷克人民找回了自己的內心。他告訴捷克人民也告訴了我們「我們是誰」。我們不是外在力量的犧牲品，我們擁有任何人不能奪去的內在力量，除非我們自己放棄。

　　請記住，我們和自己本身所擁有的力量可以導致革命。但這並不是簡單地回憶一些歷史事件就能發生的，「**記住**」（Re-member-ing）意味著我們一起回歸到自我，重新發現我們生命的完整意義。當我們不記得我們的自我時，我們不僅遺漏了有關自己的一些資料，我們也與自我**分離**（dis-member）了，並且為我們的工作、社會生活及內心帶來極不愉快的後果。

　　學術界人士常常經歷這種分離的痛苦。從表面上看，他們的痛苦來自他們以為自己加入了一個學術社群，結果卻發現自己與學生甚至同事們之間彼此漠不關心、爾虞我詐。從深處看，這種痛苦不只是社會的，更是精神的，痛苦來自於我們與我們的真實自我分離，來自於我們對教書育人的熱情，來自於一切好的工作表現必須具備的熱忱。

　　為了自己，也為了我們的學生，我們怎樣才能找回自己教學的初衷呢？我們怎樣才能與自己的真實自我重新連結呢？

引我入門的良師

如果自我認同與統整是生命中各種因素的匯聚交合，反思當初呼召我們成為老師的某些因素，可能可以幫助我們找回作為一個好老師所須具備的自我。在這一節和下一節中，我要反思這兩個因素：「引我入門的良師」及「吸引我的專業學科」。

良師的力量或許不在於他們為我樹立了好老師的榜樣，榜樣對於我們成為怎麼樣的老師，作用可能並不顯著。良師的力量在於他們有能力喚醒我們內心的真實，我們日後才意識到那真實對我們的生命有多麼重大的影響。一位良師能喚醒我們心中對教育的崇敬和嚮往，讓我們重新回顧自己並幫助我們再次找回從教之心。

在大學教授的教學研討會中，我經常要求人們介紹自己時，也介紹一位在他們的人生中曾有過重大影響的老師。他們的故事常常讓我們想起關於優良教學的許多事蹟：這些老師各有其鮮明的個性，當他們教給我們的知識都已被淡忘時，他們的優良教學所留給我們的印記卻依然存在。我們應該對這樣的良師心存感恩，哪怕是姍姍來遲的感恩——一方面因為這是我們原就該獻上的；另一方面則是因為我們自己的學生對我們毫無感恩之心，對照之下而產生的領悟！

然後，我再試圖把討論引向深層。我不問他們：「是什麼讓你覺得你的老師很了不起？」而是問他們：「你覺得有哪些特性可使你成為這樣的好老師？」良師賢徒是一個互相依存的關係，它不僅因為你遇到一位好老師，也是因為老師遇到了一位好學生。在雙方的互動中不僅揭示出良師的特性，賢徒的特性也同樣明顯。

我最好的良師之一，他的特質似乎打破了所有「好老師」的原

則。他上課時熱情洋溢地長篇大論，幾乎不留給學生問題或討論的空間和機會；他沉溺在自己的思考中，對學生的想法如馬耳東風。並不是因為他輕視學生，而是因為他太過熱中於用他所知道的唯一方法，與學生分享他的知識和他對知識的熱愛。他的課永遠是一言堂，學生們除了充當他的聽眾，就再也沒有別的事可做了。

這位老師聽起來似乎是教學法的噩夢，但是我深深為他的教學法所吸引，至於原因我卻說不清、道不明。實際上，他改變了我的人生。幾年以後，我才開始理解我為什麼被他所吸引，而這種理解成了我了解自我的線索。

我是我們家中第一個大學生。我們家雖然重視教育，但像我這樣天生嚮往智力生活者卻史無前例。在念大學前，我對智力活動的追求一直隱而未發。我高中時的學業成績乏善可陳，精力多放在課外活動上。直到上大學後的第二個學期，我才突然開竅，發現讀書的樂趣。從此就一帆風順地完成大學學業，進入研究所，最後選擇了學術生涯。

那位喜歡在課堂中滔滔不絕的教授，讓我第一次窺見了我自我中的這個部分。在聆聽他的長篇大論時，儘管內容令人振奮，但真正讓我興奮的並非他所說的內容，重要的是，他讓我看見屬於自我中未被發現的一面。儘管他的教學違背了課堂教學的金科玉律，甚至違背了人際關係的一些基本原則，但他毫不保留地打開他的心門，讓我聽到了他的心聲，讓我意識到其實我也有這種天賦，雖然多年後我才有辦法確定這天賦是真實存在的。

在我從教後的許多年中，我潛意識地認為閱讀、寫作和思維都不能算是「真正的工作」——儘管我樂在其中。雖然我也教書，也寫作，但我認為在學校和各種專案中的行政管理工作才是實際的，也才是有價值的，就像我家族中其他成功的優秀人士一樣。直至過

了不惑之年，那滔滔不絕的老師折射到我內心中所產生的自我認識，才讓我肯定智力活動是我職業生涯的主軸，是對我靈魂的真實呼召。

並不是所有人對老師的回憶和內省都如我一般快樂和正面，由於我們的年輕和可塑，有時我們可能從他們那裡學到錯誤的功課。

在我幾年前所帶領的一個研討會上，我曾有過這樣的經歷：研討會的主辦者語帶遺憾地警告我，要特別小心一位在他的研究領域中頗有建樹，但脾氣暴躁、沒有人緣的教授。主辦者說，在四十位出席研討會的教授中，該教授與其說是來學習的，不如說是存心來攪局的。

驚惶失措之下，我預備了一個破冰活動，要求出席者藉由描述對自己有影響的老師的方式介紹自己。輪到該教授之前，已經有好幾位發了言，深刻而有情感，教室裡洋溢著開誠布公的祥和氣氛。當他開始發言時，我十分緊張，擔心他會毀了當時的課堂氣氛。但幸好我所擔心的事沒有發生，看得出來他也被這種敞開心扉的交流所感染了。

為了要揭露心中那份神聖的情感，他說得十分遲疑艱難，當說到他為何竭力按照他老師的模式來打造自己時，出乎我的意料之外，他竟情不自禁地哽咽了。

在會後私下的交談中，他告訴我他如此情感激動的原因。二十年來，這位教授一直試圖模仿他老師的行事為人，結果搞得一團糟。這位教授和他的老師是極不相同的人，他試圖「複製」老師的行事風格，卻扭曲了自己的自我，而迷失在這扭曲的自我中。對他來說，這是令人痛苦的省悟，但也是為他的自我發展提供了可能性的省悟。

這位教授的故事讓我反省自己，這是我們願意向別人吐露心聲

時經常會發生的一種良性行為。剛開始當教授時，我也想模仿我的老師在課堂上滔滔不絕的長篇大論，直到我發現我的學生對我這個我老師的廉價複製品絲毫不為所動為止。

我開始追尋適合自己個性的教學風格。我老師的教學力量在於他的方法和他的人格統整，我也必須找到這樣的統整。我不斷地探索自己作為老師的自我，並探求能與這個自我相得益彰的教學方法。

儘管我經常在課堂上使用講授法（lecture），甚至有時還用得頗有心得，但是整堂課都用講授法連我自己都乏味了。我通常知道自己要說什麼，並且我已經聽過自己要說的，倒是對話式的教學能讓我興趣十足。對話式的教學逼著我聆聽、反應，有時還要即興發揮。我更經常從自己和學生那兒，聽到自己從不曾想過的深度對話內容。

這並不意味著講授法是錯誤的教學方法，它只是意味著我與我的導師不同，我的自我在對話式的教學方法中可以表現得更為完善。年輕時我對自我的認識不透澈，需要有人幫助我把內心對智力活動的追求和天賦揭示出來；步入中年，我已經有這樣的自知之明，學會了在教學中發揮自己善於與人交往的特長。

我相信這就是適當而有效的教學技巧：**隨著對自我了解的增加，我們學習使用那些合乎自我的教學技巧，而自我正是讓我們成為好老師的要素**。我們不再需要依照文化和職業所要求的那樣，用教學技巧來掩蓋主觀的自我，而是可以使用一些能讓我們隨心所欲、充分發揮自我的教學方法。

這種由自省而產生的自知之明，對我的教學是非常重要的，因為它揭示了我和學生們內心的複雜性。對我來說，從事教學活動的那部分自我讓我又愛又怕。長久以來，我無法把自己所熱中的智力

活動看作是真正的工作，這樣的想法一直困擾著我。這部分的自我雖然激勵我，卻一度因為缺乏自我認同而讓我試著採用我老師拒人於千里之外的教學方法。今天，同樣的「我」卻讓我認識到講授法對我而言是乏味的，但對話式的教學法卻讓我如魚得水。

當我忘記了自我內在的多重性，忘記自己認識自我的心路歷程有多麼漫長且繼續在進行中，我對學生的要求和期望就會變得不切實際。而當我能看到自己內心世界的多樣性和形成自我的緩慢過程時，便比較能體諒年輕學生內心的多樣性，並以他們能適應的節奏來進行教導。認識我們的良師，我們就能認識自己；而認識了自己，我們就能認識我們的學生。

回首往事，我意識到在自己年輕時的每一個關鍵時刻，在我需要成長的時候，無論是在青少年期、在大學、研究所，還是在我職業生涯的早期，都有幸蒙良師指點。有趣的是，進入成年後，我不再有這樣遇見良師的機緣，許多年來，空等著下一位指點迷津的高人，白白浪費了許多時光，而我的自我發展似乎也停滯下來。

但我終於恍然大悟，我已經不是一個學徒了，我不再需要一位師傅，現在是我成為別人師傅的時候了，我必須轉而面對自己內心浮現出來的新自我，把我年輕時從良師處所接受的，轉贈給年輕的一代。當我這樣做時，因著我與每一個年輕心靈的接觸，我的自我更加成長。

師傅和徒弟像是一對傳統舞蹈中的舞伴，而對老師的最大獎勵就是，我們每天都有機會翩翩起舞。這是我們兩代人的共舞：年長一代以自己的經歷幫助年輕一代的成長，而年輕一代幫助年長的一代進入生命的新篇章，在翩翩起舞中編織出我們的社會生活。

吸引我的專業學科

　　我們中間許多人之所以成為教師，不僅是因為遇到引我們入門的良師，也是因為遇到了吸引我們的專業。我們為某一學科所吸引，是因為它照亮了我們的自我認同，也照亮了世界。我們並不只是找到一個可以教的學科，而是我們所教的學科發現了我們。回想當年這學科如何激發了自己原先渾然不知的自我，可以幫助我們找回教學的心。

　　愛麗思・凱普蘭（Alice Kaplan）是教法國語言及文學的老師。在她的著作《法語課》（*French Lessons*）中，她就曾經做過這樣的反思。「人為什麼會想學習另一種文化呢？」她在回顧自己教師生涯時這樣問，「因為在他們原本的文化中，有一些說不出來的東西，是他們所不喜歡的。」法國文化讓凱普蘭找回她在自身文化中迷失的那部分自我。

　　凱普蘭回憶起在她的某堂課上，有一位年輕人因為學習新的語言，而學會了欣賞陌生人。她說：「這樣的經歷讓我覺得，學一種外國語是一種成長的機會，是對自由的追求，是從固有文化的觀點和思維模式中的解放。」

　　但是，凱普蘭也意識到這種寄居在他項文化認同裡的陰暗面：「學習法語也有害處，它讓我有一個藏身之處。如果我的生活變得混亂無序，我可以躲進另一個世界裡。」不過她又說：「和那些對此一無所知的人開誠布公地談論這些，讓我有機會釋放我的疑惑、憤怒和孤獨。」反思和了解自己專攻的學科對自己的吸引力，使凱普蘭有機會對生活中的人和事重新思量，再次喚起她的從教之心。

　　閱讀凱普蘭的內心獨白（遠較我在這裡所描述的要深刻得

多），讓我也反思自己對專業的選擇。我在大學主修的是哲學和社會學，當時學的許多細節現在都已經淡忘了，但是我對三十五年前第一次接觸萊特‧米爾斯（C. Wright Mills）「社會學想像」（sociological imagination）此一概念的情景仍記憶猶新。當時的我不僅被吸引，而且是整個人都被迷住了。

這個概念說來簡單，但對我而言卻影響深遠：我們不能光靠環顧四周就能了解我們所處的世界；我們對事物的了解取決於我們所持的觀點，持新觀點可以讓我們看見從前在舊觀點下視而不見的東西。

米爾斯教導我們用社會學觀點看世界。該觀點使世界在我們眼前凸顯出來，就像我們第一次使用 3D 眼鏡看立體電影一樣。我看到隱而未現的結構與特殊符號修飾著我們所處的社會，並在我們身上具有或予或奪的力量。帶著這個新觀點，我驚異地發現，人們的思想行動並不是我原先所想像的那樣自由無羈絆，而是像木偶一般被視而不見的繩索控制著。

我為什麼會對「社會學想像」這個觀點如此著迷呢？為什麼它會成為我世界觀的特徵呢？在試圖回答這些問題的過程中，我與自我中的某些關鍵特質重新連結了。

從智力上說，我被這個觀點所吸引，是因為十八歲的我開始了解到，我們所觀察到的並不是事物的本質。我成長在動亂的一九五〇年代，孩童時的經歷讓我知道，我們所看到的，無論是個體或群體的許多行為，都只是在「前台」的表演，現實更有其「後台」的動因，比我們所見到的表演有更深遠的影響。

但米爾斯的概念吸引我還有智力之外的原因：它表達了我心靈深處的恐懼。年輕的我對社會這個大舞台是又愛又怕。一方面我很希望在舞台上能有一番作為；但另一方面，我又擔心自己的能力有

所不逮。「社會學想像」理論讓我理解後台的現實，這讓我多少能擺脫一些心中的恐懼。

　　了解到前台光彩奪目的表演而幕後竟是如此平庸的現實，讓我禁不住問自己：「如果他們能做，我為什麼不能？」對現實的了解使我備受安慰，因為我知道，即使是英雄，也可能是泥足巨人。就像諮詢心理師為了幫助人們消除在公眾面前演說時的恐懼感時常說的：「想像你的聽眾都是赤身裸體的。」

　　除去智力和情感上的原因，社會學想像之所以吸引我，更因為它言中了我靈魂深處的一道裂痕。米爾斯關於前台表演和後台現實的劃分，反映了我內心生活中巨大的分裂。從外表看，我已經學會了如何嫻熟地表演；但在內心裡，我始終懷有擔心自己能力不足的焦慮。

　　我的自我評價和他人對我的評價之間的落差，常讓我感到一種刻骨銘心的被欺騙感。但是社會學想像理論讓我看到，這種雙重性實際在我們的社會中無處不在，是人類的基本狀況。這讓我心中的被欺騙感不致如此沉重。

　　將米爾斯對我們社會的分析轉化為對自我的分析，是一個耗時長久的過程。社會學想像是社會學家得心應手的工具，它讓我們如站在街邊觀看遊行的過客，可以高高在上地冷眼觀看人們的插科打諢。

　　有很長一段時間，我一直是充當這樣一位置身事外的批判者和評判員，現在我明白我為什麼會那樣做了。我把心中的被欺騙感投射到社會中，卻不敢自己面對；我用這樣的投射來掩飾自己內心的分裂。我不願意再這樣生活下去，這也是為什麼我透過寫作來平衡社會幻象帶給我的真實。

　　在這一章中，我曾強調過我們內心世界所具備的真實和力量，

能讓我們不至於淪為我們所處環境的犧牲品，並讓我們對我們的生命負責。順理成章地，我認為社會的結構及其資訊不應該左右我們的生活；甚至社會學想像這個從我年輕時就滲入我的生命的觀點，也不能提供所有的答案。就在寫作這一章時，我與我的專業學科和自我再次又有了全新的遭逢。儘管我尊重社會的現實，但我不打算以此為藉口，逃避我個人的責任。

在某種程度上，我自身的教師自我反思也具有其積極意義：只有當我的前台表現和後台現實和諧一致時，我才能完全地擁有內心世界的力量。

但我同時也了解到，我內心的前台與後台的衝突還沒有完全解決，它不斷地反映在我的教學中，反映在這一章一開始我所描述的種種教學景況的困難之中。這些困難起因於我外在的、在教室中所表現的笨拙，也起因於我內心對自己教學能力缺乏自信的衝突。

我最愛的一篇教育論文，是瓊・托普金斯（Jane Tompkins）所寫的〈愁苦的教育法〉（Pedagogy of the Distressed）。它似乎是為我們內心的這種分裂而寫的。憑著少見的坦率，托普金斯說，她對教師一職的情愫，不是來自於她要幫助學生學習的願望，而是來自：第一，她要讓學生知道她是多麼聰明；第二，她是多麼知識淵博；第三，她上課是多麼有備而來。她的前台表現常常不是為了學生或學習，而是為了給學生形成一個好的印象。

然後她問道：「作為學者，我們工作的主旨怎麼會變成一場表演呢？」她的回答對我而言是振聾發聵：是因為我們心中的恐懼。我們擔心暴露自己表裡不一、顢頇無能、「百無一用是書生」的真實。

這常常是我的寫照。為了掩飾我後台現實的不完備，我刻意追求前台表象圓滑流暢。當我這樣做時，我的教學就越來越不是以學

生為中心，反倒成了我的個人秀。我關閉了我的心，從而無法把教學所必需的連結融入我的工作。

這又一次提醒我，當我們向內審視我們的自我時，我們所看到的不一定都是閃閃發光的、令人自豪的東西。自我成長過程的因素和經歷有時會讓我感到羞愧，但它也非常的真實。無論我們必須為這種帶來羞愧的回顧付出何種代價，認識這些因素將使它們不致危及我的工作，並能幫助我們更有自知之明、成為更好的老師。

斯格特—麥斯威爾（Florida Scott-Maxwell）在她八十歲時所說的，可以說是一語中的：「接受你生命中發生的一切讓你重新擁有自己。當你重新擁有全部的你，你會因真實而生氣盎然。」

我們內在的教師

引我們入門的導師和引人入勝的學科喚醒了我的自我，讓我認識自己。但是，當老師的使命感並不來自這些外部因素——沒有我們發自內心的呼應，外在的導師也好，學科也好，都不能對我們有多大作用。我們對教育事業的使命感來自內在的從教之心，來自激勵我們尊崇真實自我的**內在教師**的聲音。

內在教師的聲音，並不是指我們的**意識**、**超我**或道德的判斷。事實上，按照一般意義來理解的意識，只會讓我們陷入職業的困擾。

如果我們聽命於我們這一生「應該」做的，我們會發現自己被外界對我們的期望所左右而扭曲了自我。按照道德的推理，我一定會被規定做一些必須要做的，但那真就是我的職業了嗎？我真的具備從事這樣的工作所要求的天資和稟賦嗎？這真的是我們內部世界和外部世界的交會嗎？或者這只是別人為我的生命所繪製的藍圖

呢？

如果我只是聽命於我「應該」做的，我可能會發現雖然我所做的是中規中矩，無可指責，卻不是「我的」工作。無論在他人看來這工作如何可貴，都是違背了我的自我，都是為了一些抽象的社會常模而**扭曲**了自我。當自我被侵犯時，我不可避免地要侵犯與我合作的人。有多少老師因為教育從來不是、或不再是他們願意獻身的職業，而把他們的痛苦轉加給他們的學生？

相較於這種基於「應該做的」而形成的自我違背的職業觀，費德瑞克・布希納（Frederick Buechner）給了職業一個更人性化的定義：「職業是你內心深處的喜悅與外部世界的需要相會合的地方。」

在這個視工作如受苦的社會中，把一個人的職業定義為內心深處的喜悅是一種革命性的變革，但這是一個真實的改變。如果這真是「我的」職業，從事這一工作的經歷一定會讓我內心充滿喜悅，儘管此經歷也包含著困難的時刻。不過這些困難的時刻仍會帶給我喜悅，因為它能協助我在我的專業領域中經由克服困難而持續成長。

如果所從事的不能讓我喜悅，我應該考慮是否放下。如果我為之獻身的不是來自我，那它就不屬於我性格的組成成分，我所做的很可能無法減輕、反倒是加劇世界的需求。

我們常是為了報酬而不是為工作的意義而工作，這樣一來，我們可能永遠不會擁有因工作不能滿足我們內心需要就掛冠而去的這份奢侈。可是，這不應該作為我們不再檢視違背自我並傷害自己與他人的藉口，也不應該成為我們將維護自我和諧統整視為奢侈的理由。在保有我們的職位和保護我們的靈魂之間，哪一個能帶給我們長期的平靜與安穩呢？

　　我們內在教師對職業的使命感不是一個有意識的決定，而是關乎自我的流露。它不是「應該」做的，而是我們真實的自我。它是關於這樣一些問題的答案：「這是不是適合你的？」「這是不是真正的你？」「這工作是讓你生氣勃勃，還是生不如死？」我們內在教師的角色是自我的保護神，他在我與我生活的各種力量之間仲裁，摒棄與自我不相容的部分，接納與自我相融合的部分。

　　我知道對某些學術界人士來說，我所謂的內在教師角色是一種浪漫的想像，但我不明白為什麼他們會那麼想。如果這不是事實的話，幾個世紀以來，西方文化對教育目的的闡述都只是不著邊際的誇誇其談。教育的傳統意義，就是把自我的智慧誘發出來，使人可以明辨是非，生活在真實之中。所以，教育依靠的是我們的思辨能力和自我決定，而不是外部對我們的要求。而我們內心的教師，就是任何能被稱為教育的活動所激發出來的自我核心成分。

　　內在教師的概念所以不受歡迎，很可能是因為它迫使我們省察教學中兩個最大的難處：第一個是指如果我們所教的未和學生的內心生活核心相連結，不與他們內在教師相連結，就不會發生作用。

　　我們可以把教學變成一種完全外在的活動，可以強迫學生記憶和重複與他們的內心風馬牛不相及的內容。這樣做，我們也可以得到預期的結果。許多學生一旦離開了學校，就再也不願意讀需要思考的書，再也不願意做創造性的思維。忽略了學生內心的教育不可能真正改變學生。

　　第二個困難可能更讓人氣餒：只有當我們與我們內在教師對話時，我們才可能與學生的內在教師對話。

　　那位被他的學生描述為漫畫中人物的老師，就是這樣一位對自己內在教師視而不見的老師。他的教學與他的真實自我完全隔絕，以致他不再了解他的自我。心有靈犀才能一點通，當我們所說的不

是發自我們的內心時，我們無法觸及學生的內心。

怎樣才能與我們的內在教師對話呢？除了大家所熟知的，我沒有別的建議：深思熟慮、博覽群書，做教學日記，與朋友談心。我只是希望我們每個人都學會盡可能多的方法「與自己對話」。

「與自己對話」常被認為是精神不正常的狀態，恰如其分地反映了我們的文化是如何對待我們內心的聲音。可是，學會與自己對話的人很快就會發現，他們找到了一個多麼善解人意的談話夥伴。

我們應該學會聆聽自我的傾訴，並重視所聽到的內容。這不僅是為了我們的工作，也是為了我們的健康。如果是一個外人想告訴我們哪裡出了問題，而我們卻諱莫如深的話，這個人就會離我們而去，或是會用更強烈的方式來引起我們的注意。

同樣地，如果我們不注重我們內在教師對我們所說的，他也許從此緘默不言，或是變得更為強烈。從我自己的經歷中，我確信某些型態的抑鬱症就是內在教師因我們長期置若罔聞而發出的警告。如果我們願意聽，我們內心的聲音就會變得循循善誘，語重心長。

這樣的對話並不一定得出有用的結論，與自我對話並不一定要產生類似目標、目的和計畫之類的東西。以對話的結果衡量對話的價值，就好像用幫助解決了多少問題來衡量友誼的價值。

與朋友間的對話有其自身的價值：與朋友在一起讓我們心曠神怡，讓我們可以毫無桎梏地將身心全然交託。我們與自己的對話也不必有功利的目的，只是為了有機會能省察內心，梳理自我，讓我們在精神上迷途知返。

聆聽我們內在教師所說的，也能為教師面臨的最基本問題提供答案：當同時面對生活和工作中的各樣錯綜複雜性時，我應該如何建立身為老師的**權威**和立足點呢？

在技術至上的文化中，我們經常混淆了權威和權力。權力

（power）是自外而內的，而權威（authority）是自內而外的。如果我們把權威看作是外在的，是來自人際關係中的技巧，或是用以控制學生分數之權力的話，我們就大錯特錯了。這樣的看法把老師看作是路口指揮交通的員警，雖然和顏悅色地維持秩序，然而一旦需要，總是有法律作他的後盾。

教育有時的確會運用到外在的權力，但它無法替代權威。權威來自老師的自我。從「權威」（authority）這個詞的構成就可見端倪。權威的詞根「author」（作者）表明了權威屬於語詞、行為和生活的創造者。他不該是個游離於自我之外、按著別人規定的腳本來表演的演員。如果一位教師要依賴機械的外在權力，他一定會完全喪失作為老師的權威。

我刻骨銘心地知道一旦失去與內在教師連結進而失去從教權威時的感受。每當處於這樣的景況，我就會藏身在壁壘森嚴的講台和教師地位背後，揮舞著分數作為我威懾性的武器。而一旦我從我內在教師那裡獲取從教的權威，我就不再需要武器和鎧甲來防衛自己。

權威來自我的自我，來自我的自知之明和對職業的使命感。倘若能如此，教學就是我內心的流露，是我與我的學生內心的交流。

❋

第二章

充滿恐懼的文化
教育與支離破碎的生活

A Culture of Fear
Education and the Disconnected Life

◇　　◇　　◇

日復一日如飛鳥不停振翅
用盡真理所需之輕語呢喃，
一停頓才發現聽者並不在意：
我的聲音對他們如馬耳東風。

他們注重史實、暴力和爭執。
我獨蹊奇徑舞入知識的殿堂，
擁抱謬誤有如迷失的浪子
展翅載他歸家。

每次舉翼堅持一個正直的理想；
斬釘截鐵，有如鋸子劃斷白松木。
我傳授真理，卻對上司說——
真理有個詰屈聱牙的名字。

要說出它，只怕曲高和寡。

——選自 William Stafford，〈文學講師〉（Lit Instructor）

剖析恐懼

　　如果我們想發展和深化與優質教學核心相連結的能力，我們就必須了解並且反抗那些使我們生活變得「分隔」（disconnected）的巨大力量。為什麼我們的學術氛圍鼓勵我們過一種分隔的生活呢？為什麼它鼓勵我們與學生及所教授之學科分隔、又讓教學與我們自己的內心分隔呢？它又是如何分隔的呢？

　　從表面看，答案是顯而易見的：我們所用的分數制度讓老師和學生們分隔；科系的設立讓我們與知識分隔；競爭機制使同事之間、同學之間分隔；學校行政制度把老師和行政人員分隔。

　　不言而喻，教育機構中充滿了讓我們分隔的機制，但是如果我們把分隔歸咎於這些機制，將助長外在世界強於內在力量的迷思。如果教育的外在力量不是根植於我們內心世界裡強烈的恐懼感，它們不可能在我們之間造成這麼深遠的隔閡。

　　如果我們不認同這些分隔機制，它們就會立刻分崩離析，這不啻是在學術界引爆另一場紫色革命。有時因這些機制成功地利用了我們的恐懼，我們會對它們曲意逢迎，並以「改革」來點綴裝飾一番。恐懼使我們與我們的同事、學生、學科，乃至於自我產生分隔。恐懼剝奪了對「真實歷程」的經歷，使我們不敢嘗試編織連結更寬廣的生活網絡，從而喪失了施教的能力。

　　從小學開始，教育就成了充滿恐懼的冒險。當我還是學生的時候，我經歷了太多被恐懼感控制的課堂。恐懼使多少原本熱愛學習的學生對學校深惡痛絕。當了老師以後，我發現一旦恐懼控制了我，或出於我對學生的恐懼，或因為學生對我的恐懼，我就會表現出我最惡劣的一面。我和同事之間的關係常常因恐懼而受損中斷；

恐懼幾乎是教授和行政人員之間關係的常態；恐懼同時也是行政管理上屢用不爽的法寶。

有了三十年的教學經驗後，我的恐懼感依然俯拾皆是。當我走進教室時，我感到恐懼，因為我就像是跳進了洶湧的暗流。問學生問題時，我感到恐懼，因為學生們的橫眉冷眼，讓我覺得我似乎在要求他們背叛他們的朋友。當學生問了一個費神的問題，或是因為一場荒謬的爭執即將發生，或是因為我沒有頭緒的講授以致學生也失去了頭緒，我都會擔心，害怕自己即將失控。當一堂危機四伏的課終於皆大歡喜結束時，事後我仍會持續感到懼怕——怕自己非但不是一個好老師，甚至不是一個好人，因為我把自己和自己的工作緊密地等同在一起。

我自身的恐懼和學生的恐懼旗鼓相當。儘管在我早年的教師生涯中，我有意無意地遺忘這一點。當我單槍匹馬站在課堂教室前面，成為眾矢之的時，我覺得我的學生們似乎令我羨慕地安全藏身於他們的筆記本之後，混跡於人群之中而不為人知。

以我自身的經歷，我應該記得學生自有他們的恐懼和憂慮：他們怕失敗、怕被誤解、怕被迫捲入他們避之唯恐不及的事端中、怕暴露他們的無知、怕他們的見解受到挑戰、怕在他們的夥伴面前出醜。當學生們的恐懼和我的恐懼產生合成反應時，恐懼成幾何級數增加——教學就此癱瘓了。

如果我們把一部分用於外部改革的力量，用來驅除我們心中恐懼的魔鬼，無疑可說是向著新的教學實踐邁出了至關重要的一步。我們的工作和生活不須再等待外部機制的改變以至於舉步不前。若我們能理解內心的恐懼，就可以藉著自知之明克服外部機制的支離破碎。

是什麼使我們成為這些機制的人質呢？答案似乎又一次顯而易

見：我們如果不效忠於這種機制的力量，就會擔心失去我們的工作、形象或地位。但這個解釋仍無法觸及問題深層的一面。

我們之所以與這些機制為虎作倀，係因它們保證我們不會經歷人類心中最深刻的恐懼：擔心我們會與「非我」（otherness）格格不入，無論這個「非我」是我們的學生、同事、專業，甚至是我們內心反叛的聲音。我們擔心與我行我素、直言不諱的非我的突然遭遇。我們希望這樣的遭遇以我們所熟知的形式發生，並能受我們的控制，那麼它們就不會威脅到我們對世界和自我的看法。

學術機構和機制替我們預備了各種途徑來避免此類遭遇的威脅。為了避免與老師的衝突，學生可以藏身在筆記本背後，或是三緘其口；為了避免與學生衝突，老師可以藏身於講台、他們的證書和權力之後；為了避免與同事衝突，教授們藏身於他們各自的學術專長之中；為了避免與所學的學科衝突，老師和學生可以藏身於所謂的「客觀性」之後。學生可以說：「不要問我是怎麼想的，告訴我事實就可以了。」而老師可以說：「這就是事實，記住它們就可以了，不必多想。」為了避免與自我衝突，我們學會與自我分離，過著雙重人格的生活。

對衝突的恐懼乃起源於我們對多樣性的恐懼。如果我們生活在一個否認差異的大一統空間，我們就可以維持一個假象，即我們對自己和世界的看法是正確的，畢竟沒有「他人」會對我們的看法提出異議！一旦我們對多樣性產生認同，我們就必須被迫接受，我們的標準、我們的感受、我們的方法和我們持以安身立命的真實，並不是唯我獨尊的，於是我們的生活便會建築在破碎分隔之上。

如果我們接受多樣性，會發現我們又面臨另一種恐懼：擔心不同的真實相碰撞所發生的衝突。因為學術界的文化只認可一種形式的衝突：決一勝負之競爭，當一方凱歌高奏時，必定有另一方偃旗

息鼓，甘拜下風。為了掩飾因我們之間的不同而產生的公開衝突，我們掩飾我們之間的差異，結果卻發現它們日益增長，而且日益壯大分裂的能力。

抽絲剝繭地分析我們對衝突的恐懼，我們會發現其中的第三層恐懼——失卻自我的恐懼。很多人都堅持自己所持的觀念，以至於當新舊觀念發生衝突時，我們所面臨的危險甚於爭議：我們冒著失卻自我的風險。

當然，並不是所有的衝突都必須採取一對一決勝負這種不給自我成長留一線空間的競爭形式。但是在學術界，我們對於其他解決衝突的形式幾乎一無所知，比如，如何達成共識的衝突解決模式，在此模式中，可以雙贏而沒有失敗者。在這所謂雙「贏」的方式中，勝利意味著自我透過衝突而增長；在此一模式中，我們知道自我不是一塊要據守的地盤，而是一種持續成長的能力。

即使我們願意接納多樣性，接納建設性地解決我們的衝突，並接受為「有所為」而必須有所失，我們依然面臨最後層次的恐懼：擔心我與「非我」的衝突會迫使我們改變自己的生活。這並非偏執：外部世界確實時時伺機而動。嚴格來說，非我即意味著改變自我，要求我們不斷地接受新的事實、理論、價值觀，甚至於新的生活方式——這才是最讓人畏縮不前的恐懼。

我們對生活中所遭到的多層次恐懼，不只是老師和學生帶入課堂的個人感情，它也是日常生活各方面的文化特徵。我們在政治中利用人們對種族和階級的恐懼來選舉政客；我們利用人們與鄰居的攀比心理所產生的恐懼，驅使人們「多賺錢猛花錢」的消費行為；在宗教活動中，我們則利用人們對於死亡所帶來的詛咒的恐懼。在這樣一個空氣中充斥著恐懼的文化中，可想而知教育有著多麼深層的恐懼，更何況是試圖換一種新的方式進行教和學。

　　這一章的重點是對恐懼的病理學分析。切記，恐懼也有健康的一面，某些恐懼可以幫助我們生存，甚至倘若我們知道如何解讀它們的話，恐懼將有益於我們的學習和成長。我對自己教學品質的擔憂可能並不意味著失敗，而意味著我十分在意我的教學藝術；我擔心某個問題有可能成為課堂教學中的引爆點，但這並不意味著我會落荒而逃，而表明我打算要著手解決這個問題；我對我的工作要求我必須與聽眾坦誠相見的恐懼，可能並不是懦弱的表現，而是表明我為了教學願意犯難冒險的決心。

　　恐懼也在學生生活中扮演一個很積極的角色。當卡繆（Albert Camus）寫道：「前進的價值在於恐懼」時，他所說的正可以恰如其分地用來描述好老師率領學生在知識的未知領域中攻城掠地的過程。當我們面對未知領域及思維方式、自我認知、生活挑戰時，我們便會感受到卡繆所說的恐懼，而這種恐懼讓我們明瞭自己正處在學習的臨界點上，他說：「事實是，當我們離開我們的故土的那瞬間，我們被莫名的恐懼攫住。本能地，我們想退縮到讓我們有安全感的舊有習慣中。在那一刻，我們是極度地不安和具可塑性的，以至於任何一個小小的觸動都能讓我們潛入自我的深處，讓我們穿越時光的隧道而到達永恆的所在。」

　　人們對於真正的學習所產生的恐懼，這種讓人們變得可塑的恐懼是有利於教育的健康性恐懼，我們應該設法助長它的產生。但首先我們要處理讓我們變得僵化不可塑的恐懼，因為它關閉了我們之間聯繫的能力，剝奪我們教與學的能力。

　　我打算檢視產生封閉的三處根源：從學生的生活、從我們自我保護的內心，以及從我們求知的主要途徑。讓我們從這些病症中解脫出來的不是技術手段，也不是外部機制的改變，而是對掌管我們生活的恐懼的深刻了解。

另類學生

　　阻斷與他人聯繫的恐懼感經常在我的學生身上作祟。如果我們能明白地意識到這一點，並且願意幫助他們而不是落井下石的話，我們將可以朝更好的教學邁進。但是要看清學生的處境並不容易，而且時下很多老師看學生的觀點其實扭曲了學生的形象。

　　當我問及老師們什麼是他們教學中最大的障礙時，我最常得到的回答是「我的學生」。當我問他們原因時，我聽到的是一連串的抱怨：我的學生不善言辭、悶悶不樂、畏縮不前、不愛交際、注意力渙散、不願思考，他們狹隘地定義與他們「相關」或「有用」的東西，而捨棄了精神追求等等。

　　如果你認為我所說的好像誇大其辭，請看最近一次全國性教學研討會上所發布的說明：

> **無可否認的事實**
> 許多學生迷失方向、缺乏動機，
> 這些學生幾乎沒有團隊工作和溝通所需的社會技能。
> 在要求行動時，他們厭倦及懶散；
> 在要求回應時，他們好鬥又具有破壞性。

　　當我探究造成這類問題的原因時，我聽到的又是一連串的抱怨，不過這次抱怨的是社會弊端：家長的漠不關心、家庭的解體、公共教育的種種不足、電視和大眾傳媒的平庸、毒品和酒的殘害，這些都敗壞了我們學生的身心。

　　除了這些令人印象深刻的社會弊端外，有些教授們堅信，隨著

社會變遷，現在學生的素質與他們當年的素質相比，簡直差到無法言喻，讓人覺得學生糟糕的現況，不但是社會因素所造成的，可能人類在過去二十五年中，遺傳因子也產生了蛻變。

這幅為學生所畫的素描可說完全歪曲了事實，且更加深了學生和老師之間的隔閡。對學生狀況的扭曲，不但讓我們的生活對照於他們生活後顯得崇高偉大，而且把問題的根源上溯到遠在我們與學生接觸之前。在任何行業中，責備當事人是種典型的自保之策；對學生的成見則讓我們能夠緩和自己對於解決他們問題的責任感。

幾年前，我遇到一位大學的院長，那時他主持的一個實驗計畫正步入第二年。他才剛結束了一個教授研討會，從他的行為看得出來，事情進展得不盡如意。

我問他：「怎麼了？」

「教授們整個早上都在抱怨我們學生的素質。他們說，如果我們不能招收到更好的學生的話，這個實驗計畫註定要失敗。」

「你怎麼回答他們呢？」

他說：「我只能耐著性子聽他們說。但他們好像樂於歸咎學生。最後，我告訴他們，他們就像是一群醫生對院方說：『不要再給我送病人來了，我們不知道該怎麼對待他們才好。送一些健康的病人來，那麼我們看上去就會顯得醫術精湛。』」

他的比喻讓我了解當老師的一個基本要素：**我們對學生狀況的診斷將決定我們提供的治療方式**。但是身為老師的我們其實花太少時間來討論學生的狀況，也花太少時間來討論如何在教學上對症下藥。在學校裡，我們缺乏醫院中「會診」這樣的機制，在會診時，醫生會會同護士、治療師和其他的專業人士來共同診斷病人的需要。相反地，在學術氛圍中，我們則是根據教授們之間對學生們的成見，來決定我們的「治療方案」。

　　簡單地說，我們對我們的「病人」的主要診斷是，他們已經「腦死」。不足為怪的，主要的治療方法是在他們的血管裡注入小劑量的資訊，將昏迷狀態下的學生從一位教授轉到另一位教授，直到整個療程結束，希望他們能從注入的資訊中，吸收學術上的滋養，以維持他們的生命症狀，直至他們畢業。當然，他們還得付清所有的學費。

　　這諷刺性的描述強調一個事實：對學生腦死的假設，導致我們讓他們接受加速腦死的教育。如果用打點滴的方式替被動的學生注射養分，即便學生是活蹦亂跳地來到我們的課堂上，但他們離去時也已變成被動的資訊接受者。等他們畢業時，他們大概真的腦死了。假設學生腦死的如期實現，讓我們為當初診斷的準確而自我陶醉，殊不知學生正是因為我們假設他們已經死亡，因而真的在教室裡表現得毫無生氣。

　　在我所曾帶領的一個教授研討會上，話題轉到學生身上，許多與會者又開始抱怨學生如何死氣沉沉、漠不關心。我們的會議是在一棟教學大樓中央的會議室中舉行，會議室的四面都是供觀察用的玻璃牆，而且那天玻璃牆的窗簾正好沒有拉上，所以我們可以看見會議室四周教學大樓的情景。正當我們對學生們口誅筆伐的時候，下課鈴響了，學生們從四周的教室裡湧出來，走廊上立刻充滿了生氣勃勃、高談闊論的年輕人。

　　我要教授們看看發生在他們眼前的情景，並請他們解釋他們剛才所描述的學生與我們正親眼目睹的年輕人有何不同？「有沒有可能我們的學生並沒有腦死？有沒有可能他們在教室裡的昏睡狀態是我們的教學所引起的？以至於一旦跨出了教室的門檻，他們又重新活過來了？」

　　我們需要一種新的診療方式去認識學生的內心世界，這一認識

應該讓我們更能感受到學生的需要，而不是以他們的苦惱為代價來維護我們做老師的地位，這一認識應該能引導我們去創新教學。我想要透過自身經驗中的另一個教學故事，來建議另一種診療方式。

那剛在中西部的一所大學裡結束了一個兩天的教學培訓班。參與者都一致讚賞這個培訓班幫助大家更深刻理解教與學的藝術，在一片讚揚聲中，我被要求到一堂政治科學課上擔任「一小時的老師」。

我真應該及早抽身才是。

那個班上有三十位學生。其中二十九位可能是準備來學習的，但我不知道的是，在教室遠遠的角落中，坐著一位幽靈般的另類學生。

這類學生可能是男生，也可能是女生；我的這一位碰巧是男同學。他的帽簷拉得低到遮住了他的眼睛，所以不知道它們是睜著還是閉著。他面前沒有筆記本，也沒有書寫工具。那是一個晴朗的春天，可是他的外套扣得緊緊的，扣子彷彿隨時要迸開似的。

我最記得的是他的姿勢。儘管他坐在一張以折磨人為目的而設計的椅子上（就是那種有一塊書寫板連在扶手上的椅子），他居然能擺出一個從解剖學的角度看來是不可能的坐姿：儘管有扶手旁書寫板的限制，他的身體幾乎與地面平行。看著面前這個沒有坐相的學生，我想他一定是修了瑜伽的課程，才可能把身體完全扭曲成那副模樣。

此時的我已經有二十五年的教學年資，可是在這個學生面前，我竟犯了一個只有新手才會犯的青澀錯誤：我的注意力都集中在他身上，以至於對教室中其他的學生視而不見。

整個漫長而痛苦的一個小時裡，我極盡全力地想把他從昏昏欲睡的狀態中喚醒，但是我越努力，他似乎越離我遠去。由於全神貫

注於他，其他學生在我心中變得無足輕重，使我忽略了他們的需要。那一天我懂得了什麼是黑洞：一個引力如此強烈，以致連光都不能逃逸的地方。

我百感交集地離開教室：自憐、憤怒，感覺自己像一個騙子。隨著備受讚揚的教學培訓班接踵而來的是我毫無教學能力的示範。原來的任課老師因為我來代課已經離開了，所以我的出醜並無同僚知道，但是我的自尊被重重地傷害了。我知道誰是這一切的罪魁禍首：那個另類學生。自艾自憐再加上歸咎他人——這是我們為了活得更好而常常使用的祕方！

我恨不得馬上離開那兒，可是我仍有一關要過：要與幾位教授在校長家共進晚宴。在晚宴上，培訓班又一次備受稱讚，不過此時的稱讚對我卻是另有一番滋味。它讓我感覺到痛苦，讓我更深切地覺得自己好像在行騙。當校長告訴我，大學將派車送我去機場時，我才如釋重負。

我走出校長的府邸，把我的行李扔在後座，坐到前座，然後轉頭向司機問好。

他竟是那位另類學生。

我是一個虔誠的人，所以我馬上向神禱告：「我是一個罪人，我確實有罪。而且如果誘惑太過迷人，我有可能再次犯罪。可是我從沒有犯過讓我應該受到這樣懲罰的罪——與這個搗蛋鬼學生待在同一部車裡一個半小時。」

倒車離開了車道之後，在住宅區裡穿行了一會兒，我們倆沉默地注視著前方。當車駛上高速公路時，司機突然開口問道：「伯爾莫教授，可以和你談談嗎？」

我身上的每個分子都在吶喊著：「不！」但是我從小所受的教養卻讓我說：「哦，當然可以，沒問題。」

　　我永遠不會忘記我們那天接下來的對話。那個學生的父親失業了，並且酗酒，父親覺得兒子想要讀完大學成為專業人士，完全是癡人說夢。

　　這個年輕人和他父親住在一起，並忍受父親每天的嘲諷：「這世界就欺負我們這樣的人，大學是其中同流合污的一部分。不要再讀了！去速食店找份工作，能存一點錢就存一點，這樣就該滿足了。生活本來就是如此，而且永遠都會如此。」

　　這個年輕人每天都感受到讀大學的動機越來越薄弱。他問我：「你曾有過這樣的經歷嗎？你說我該怎麼辦呢？」

　　我們一直談到飛機起飛，之後還通了一陣子信。我不知道我是否幫助了他，但我知道他幫助了我。他幫助我理解，我們教室中那些沉默的、悶悶不樂的學生並不是腦死，而是他們心中充滿了恐懼。

　　這些另類學生並非生來如此，他們無力控制環境，而成為環境的產物。當然，他們當中可能有那麼一、兩個，真的是撒旦派來摧毀我們所熟知並熱愛的西方文明。但我遇到的這一位，他的困境就代表著絕大多數的另類學生，而這個經驗促使我更深刻地去理解這些學生所處的景況，從而改變了我的教學方式。

　　這些學生是被社會邊緣化的一群，他們在教室裡的沉默寡言在被邊緣化的群體中是很常見的，他們合理地對握有權勢的人心存恐懼，並學會了沉默寡言，以策安全。

　　長久以來，黑人在有白人的場合中是沉默的；沉默，在這裡指的是隱藏他們的真實想法和情感。長久以來，女人在有男人的場合中也同樣是沉默的。這一切現在全都改變了，當黑人和婦女從邊緣走到了中心，直言不諱地說出他們的感受，那麼像我這樣的人應該要聽到。

　　但是年輕人仍然處在社會的邊緣，而且因為我們對年輕人的不滿和擔憂，他們的境況從一九六〇年代以來即越來越差。年輕人直接或間接地被告知他們的經歷毫無價值可言，他們的聲音不應該被聽見，他們的未來沒有人關心，他們對社會沒有值得一提的貢獻。

　　透過不同的途徑反覆聽到這樣的資訊，學生們在課堂中保持沉默以保護自己不再一次又一次地受到斥責，也就不足為奇了。他們的沉默並不是與生俱來的愚蠢或平庸，而是自我保護的生存本能。他們的沉默來自對成人生活的恐懼，在那裡他們感到不知所措，覺得自己是毫無能力的外人。

　　當然，我們有些學生已經不年輕了，有些學生是中年才就學，因此他們甚至比老師年長，但年輕學生的恐懼在他們身上有同樣的反映。非傳統的學生重回校園，經常是因為生活中發生了把他們邊緣化的事件，如離婚、事業失敗或喪偶。我們以為他們比年輕的同學們更有自信，更善於表達自己，但年長可能使他們更善於隱藏他們的恐懼。面對比自己年輕的「長者們」，他們在內心裡和他們年輕的同學一樣，知道我們將如何對待他們。

　　要教好這些心存恐懼的學生，我必須清楚地看清他們內心的恐懼。沒有什麼教學方法可以改變這些另類學生所引發的課堂困境，因為問題來自更內在、更不容易控制的地方，來自我沒有用更包容的心態來看待他和他的行為。我不是從這個學生的背景、而是從我自己的陰影來看這個學生（這一點我很快將再論及）。而這種出於自我的錯誤判斷，成為我教學生涯中的一個敗筆。

　　因恐懼而產生的行為舉止（如沉默、退縮和玩世不恭），常常混同於無知。這讓我有時分不清楚學生的行為究竟是出於焦慮，抑或是出於平庸。我需要掌握不為假相所迷惑而能看到學生所處的真實情況的洞察力。

　　這雖不容易，但值得一試。當我理解學生的恐懼時，我有能力重新確定我的教學方向。我不再進行那種歸咎學生無知的教學，因為那對學生而言是不準確的評估。我試圖為除去他們心中的恐懼而教，一旦我能這樣做，他們的心智也隨之發展。

　　我現在理解尼麗・莫頓（Nelle Morton）所說的，我們這個時代最重要的任務是「聽見人們所說的」。因恐懼而來的沉默背後，學生們希望能找到他們自己的聲音，直抒胸臆，讓人聽見。一個好的老師甚至在學生開口之前，就應該聽到他們的聲音，這樣他們終有一天可以誠實、自信地表達自己。

　　怎樣才可能在他們開口之前就聽見他們呢？這意味著要為他們創造空間，關心他們、關注他們、尊重他們；這意味著不急急忙忙地用我們的說教去填補因學生的沉默所留下的空白；這意味著不強制學生說我們所願意聽到的東西，也意味著懷抱同情心進入學生的內心世界，讓他們覺得我們是值得他們傾訴內心真實的聽眾。

　　我與這位另類學生的故事，還教我一個如何讓學生打破沉默的訣竅：這年輕人開始傾訴的時候，正是他「 主宰著方向 」之時。在我滔滔不絕的課堂裡，他退縮到沉默之中；但是當他被賦予責任時，當他負責要按時安全地把我送到機場時，他才斗膽直言他心中真正重要的內容。

　　如果我能讓我的學生主宰方向，我就能鼓勵他們放膽直言。稍後我將介紹一些讓我們能做到這一點的方法。但是，在我們能有效自如地運用這些方法之前，我們不僅需要了解學生內心的恐懼，我們也必須了解自己內心的恐懼。

老師的恐懼之心

為什麼我們總是不能真正了解我們的學生？為什麼我們對學生的誤診會導致我們的教學死氣沉沉？為什麼我們不能看到他們心中的恐懼，幫助他們克服，反而指責他們是無知和平庸的呢？

某個層面上，我們可以找到一個簡單的答案：我們常用的一個診斷方法，讓我們忽略了我們當老師的失敗處，而歸罪於被犧牲者。但是，我們對學生心中的恐懼視而不見，還有更令人氣餒的原因：除非我們正視自己內心的恐懼，否則將看不見學生心中的恐懼。當我們否認自身的實際狀況時，我們也抗拒去看見任何可以提醒我們注意實際狀況的線索。

如果你留意我剛才所講的另類學生的故事，你會看到在字裡行間，其實有兩層意思：一個是關於學生內心的恐懼，另一個是關於我自己內心的恐懼。

「客觀」而言，很難相信我對這位年輕人會感到恐懼——這也正反映了「客觀」的局限性。當時的我身處中西部的一所小學校，剛從我的衣食父母那裡贏得了他們的肯定而打算離開。當時的我年過半百，事業有成，身體健康，工作得心應手，家庭幸福美滿。當時的我面對的是一個對我毫無威脅、二十出頭的年輕人——他似乎沒有任何讓我害怕的理由，但我卻因為他而方寸大亂，喪失了施教的能力，迷失了自我和自我的價值。

在與我們的知己進行不設防的交談中，我們承認自己存有多種恐懼：我們擔心自己的工作不被接受，擔心沒有得到應得的褒獎，偶爾也擔心是不是選錯行業，以致一生庸庸碌碌、一事無成。但是，我們當中有許多人還有一層不為外人道的擔心：我們擔心學生

對我們的評價。

日復一日，年復一年，我們走進教室，面對一群年輕的面孔。他們似乎或直截了當或隱諱曲折在對我們說：「老古董們，無論你們心中最珍視的是什麼，我們都不會在乎的。既然你們無法了解我們所珍視的，我們也不屑與你們多費口舌了。我們是被迫留在這裡，所以快點把你們要做的做完，然後我們可以分道揚鑣了。」

這就是我們從學生那裡**解讀**到的信息。但是實際上，他們發出的是恐懼的而非蔑視的信息。如果我不能破解他們的信息，我會把許多學生歸入「另類學生」之中。但是如果我不理解自己心中對學生論斷的恐懼，我不會懂得如何破解學生所發的信號。

艾瑞克森（Erik Erikson）在論及成年人的人格發展時，曾說過中年人所面臨的危機是「停滯不前」對「豐富多產」之間的矛盾。艾瑞克森的理論適用於任何年齡的老師，包括年輕的教師在內，因為教師的年齡是按幾何級數增長的。我估計老師進入中年人的平均年齡是二十九歲：當我們每年秋季開學時，面對一群新的學生，然後，發現他們居然和去年的學生一樣年輕，中年的危機感就忽焉而至。

停滯不前也發生在那些因為無法面對學生的恐懼，而躲藏在他們的專業執照、講台、地位和研究工作背後的老師身上。令人啼笑皆非的是，逃避學生的老師與他們所害怕的逃避老師的學生相映成趣。學生因逃避老師而傷害了老師，而更加促使老師逃避學生，環環相扣，形成他們之間互相提防的循環。

經常可以看到一些有相當年資的教授們，以玩世不恭的態度對待他們的學生、工作，或是生活中任何讓人懷抱希望的東西。這種玩世不恭的態度源於一度曾持有對教育的滿腔熱忱卻為歲月所消磨殆盡，或源於對過去的教學生涯未能準確地理解。我常為這種強烈

的玩世不恭的態度所震驚。因為在這種態度的背後，你仍然可以感受到當年他們曾有過的教學熱忱。這種熱忱也許還可以重新被啟動，因為當年它曾與如今玩世不恭的態度一樣強烈。換言之，在玩世不恭的態度中，有隱而未發的種子。

照艾瑞克森的理論，啟動當年熱忱的良方是「豐富多產」。這真有如金蘋果落在銀網子中，它恰如其分地描寫了健康的中年生活的兩個基本要素。

一方面來說，它意味著**創造性**，意味著無論我們多老，我們仍有對世界有所作為的可能性。另一方面，它意味著無窮無盡的**新生代**，意味著老一輩背負著幫助年輕一代找到他們自己那可望而不可及的未來。把這兩者放在一起，「豐富多產」即「創造性地為年輕的一代服務」，這不但意味年長者要善待年輕人，也是年長者為自己的身心健康而應持有的人生之道。

對來自學生的論斷，老師應該選擇的是面對而不是逃避。他們可以這麼說：「我們之間確實存有代溝。但無論這代溝有多麼深長、多麼險惡，我們一定能互相溝通；這是因為你需要我的幫助，而我也需要你的年輕和熱情來重煥青春。」

我常常思考自己對「另類學生」的恐懼。我發現這恐懼由兩部分組成，其中一部分我希望有一天會離我而去，另一部分我卻希望能永遠持有。

我希望能捨棄的是，想要在年輕人當中博享眾望、廣結人緣的心結，這似乎是當老師的通病，但卻常使我們不能好好地服務我們的學生。這是一種病態的恐懼，它讓我們捨棄我們的尊嚴和作風去迎合學生，讓我們因為擔心坐在後排那位無精打采的學生可能不喜歡我，而錯失教導他或教室內其他同學們的機會。

但我希望我能永遠持有的，是我唯恐自己不能再有機會與學生

共享生命活力的擔心。我希望在我的課堂上，再也沒有一位離群索居、躲在後排、似乎不存在的學生。每當一位另類學生切斷了和我的聯繫，都讓我感到我與世界失去了聯繫。

反思那天我與那位學生的經驗，我一方面責備自己沒有上好那堂課；但另一方面，我相信我一定做了**什麼**使這位年輕人在數小時之後，願意接近我且分享他生活中最嚴重的難題。我一定做了什麼讓他願意對我吐露心聲。

也許感動他的，是他看到隱藏在我的擔心和無能為力背後的渴望，那是我想與他建立關係、不願從他的生活中被踢出的渴望。我希望與這位學生建立關係的表現，讓他有勇氣向我傾訴的心情，或許可以讓我原諒自己那天在課堂上的糟糕表現。當他最終打破緘默時，他所表達的不只是他的需求，也表達了我與年輕一代保持聯繫的需求。

好的教學是對年輕一代表示熱情的好客之舉，熱情好客給主人帶來的益處總是大於客人。這種主客互助的關係，可以在其最原始的出處看出來：在遊牧民族中，你今天為陌生人所提供的食宿，使你期望明天會有另一位陌生人為你提供食宿。熱情好客使我們成為無限延展、互相依靠的社會關係中的一員，因此，期望為客人提供幫助，也成了主人對未來幫助的期待。師生關係也是同樣的道理：老師對學生的熱情好客也會為老師創造一個更熱情好客的環境。

身為老師的一大幸福是，我們永遠有機會與年輕一代接觸，但是剛開始時此福分似乎像一個詛咒。如果我們能理解我們對他們心存恐懼，正如他們對我們心存恐懼，我們就有可能安然度過剛開始的詛咒而得到那福分。唯有如此，我們才可能正確地化解我們心中的恐懼，更具創造性地服務我們的學生。

充滿恐懼的求知之道

　　學生和老師帶進教室的恐懼，因教育園地中的恐懼而滋長。我在這裡所說的園地，指的是我們不常談及的居主導地位的求知之道，一種以傲慢自大為特徵的求知之道；若人們未意識到藏身於傲慢背後的恐懼的話，他們就不再看見恐懼。

　　求知之道來自我們對教育功能的兩個基本問題的回答：我們怎樣獲取知識？以及我們如何保證我們所知道的是真的？我們對這兩個問題的答案具有強烈的共識，即使不被察覺，卻影響著我們的教學活動。

　　如果我們認為，知識是從一個具有權威性的源頭傳遞給我們的，課堂就變成一個如同由獨裁者所統治的王國；如果我們認為，知識只是人們一時興之所致而產生的虛幻之物，課堂就變成一個無政府狀態。相反地，如果我們認為，知識是在一個互相探討的複雜過程中逐漸形成的，課堂就變成一個資源豐富、學習者互相依存的共同體。我們對知識和求知過程的看法，可以發展或扼殺教育賴以存在的互相連結的能力。

　　主導我們現有教育的求知之道，造成了教師、學生和學科之間的隔離，因為它是基於恐懼的、那種被稱為「**客觀性**」的求知之道，認為只有當我們把我們的身心從我們求知的對象分隔開來，我們才能求得真理。

　　為什麼呢？因為如果我們過於接近我們的求知對象，我們的不純粹、主觀的自我就會玷污了求知對象以及我們對它的知識。無論此一對象是什麼——是一個歷史事件、是一隻野生動物、是一篇傑作的片段，或是人類的行為——客觀主義者告訴我們，我們只有保

持與它們的距離，才能獲得對它們的真知。

對客觀主義而言，我們主觀的自我是我們在求知中應該感到懼怕的敵人，因為那是一個充滿了主見、偏見和無知的潘朵拉盒子，一旦打開，就歪曲了我們的知識。所以，我們要把主觀的自我牢牢地關在盒子裡，只依賴理性、事實、邏輯和不為主觀思維和理論所左右的資料。在這一過程中，心智的作用不是將我們與世界相連接，而是將世界與我們分離，唯恐我們的知識被玷污了。

客觀主義對主觀性的恐懼不僅是因為它「污染」了知識，更是因為它在知識與我們之間建立了關係，而這個關係也是被污染了的。當我們的認識對象不再是一個物體，而成為我們生命中有機的、須臾不可缺的一部分時，無論這一個對象是一件藝術作品、某一地區的居民，或是一個生態系統，它們會緊緊地抓住我們，吸引我們，從而再次威脅到我們對它的純正認識。

所以，客觀主義出於恐懼，而不讓我們與世上的事物發生聯繫。客觀主義的推理方式十分簡單：當我們與我們認識的對象保持距離時，它就成了無生命的物體，既然物體是無生命的，它就不能觸動或改變我們，所以我們對它的知識可以保持純粹。

對客觀主義而言，任何要求求知者與求知對象接觸和互動的認識過程，都是原始的、不可靠的，甚至是危險的。直覺是不合理的；真實的感覺因為是多愁善感而被排斥；想像是混亂和無秩序的；而個人經歷因為是個別的，所以更是不值一提的。

這也是為什麼音樂、美術和舞蹈總是在學術活動中屈居末位，而所謂的「硬」科學（hard science）總是高高在上。這也是為什麼在每一門「軟」科學（soft science）中，人們仍然試圖保持他們研究的客觀性。文學教授們注意詞類的分析而忽視作品的意義，心理學家忽視人的內心活動而專注於人們行為的資料。

數年前，懷海德（Alfred North Whitehead）指出，無生命活力的思維是高等教育中教學死氣沉沉的病根。但對客觀主義而言，無生命、無活力的思維才是唯一有價值的思維。就像對昆蟲學家來說，珍貴的蝴蝶不是那些在花叢中震翅閃現、難以捕捉到的蝴蝶，而是那些被防腐處理過、釘在蠟板上、裝在盒子、被貼上標籤的標本。這種求知之道讓我們把世界視為冰冷而無生命。但對客觀主義而言，這是我們為求得客觀的真知所必須付出的小小代價。

我並不曾忘記客觀主義濫觴於對主觀主義氾濫成災的撥亂反正。如果黑死病的患者知道他們的苦難來自老鼠和跳蚤，而不是因為得罪了神才引來的懲罰的話，他們中間許多人可以倖免於難。又有多少被認為是女巫而被釘在火刑柱上燒死的婦女，成了主觀主義殘酷的無言見證。

客觀主義的宗旨是把真實從王公祭司的妄想中解救出來，置放在一個較為堅實的基礎上，這一點是值得稱道的。但是歷史卻充滿了這樣的諷刺，客觀主義孕育出它原本要撲滅之問題的新版本：現代的獨裁制度和戰爭是兩個可以信手拈來的證明。

客觀主義的宗旨是使人們免於受專橫武斷的轄制，有時卻因為其他因素的興風作浪，而把人們推到極端主義的陰影中。當人們以為對任何問題都可以找到一個客觀的答案時，權威們便翩然而至，給他們提供這樣的答案。於是人們就懷疑自己的知識，而轉向權威們尋求真理。這樣，當社會遇到危機時，就為那些懷有政治目的權威們創造了可乘之機。他們可以宣稱：「我是唯一掌握了真理、可以解救你們的人，相信我並跟隨我吧！」

現代戰爭的殘酷可說是客觀主義肆意妄為所產生的另一個結果，正與當年主觀主義橫行而造成到處捕捉女巫的情況相似。許多美國人認為波灣戰爭是可以接受的，甚至是深得人心的，因為高科

技的運用可以讓我們安全地摧毀敵人而決勝於千里之外。美國在波灣戰爭中殺死了成千上萬的伊拉克人，但我們卻為電視上所看到的破壁殘垣拍手稱快，為我們擁有的遠距離大規模的殺戮能力拍案叫好。

與波灣戰爭相比，越戰是一場我們不得不捲入的不得人心的衝突。在越戰中，我們的戰士直接面對敵人，我們的人民直接面對近五萬美國士兵的陣亡，整個國家陷入了罪責與痛苦的泥沼。當布希總統宣布，我們在波灣戰爭中的勝利終於讓我們走出「越戰帶來的惡夢」時，他所歡呼的是遙控殺戮的客觀主義對身歷其境的主觀主義的勝利。

為什麼客觀主義能助長極權和暴力呢？從一開始，客觀主義就不只是對真理的追求，而是對中世紀主觀主義危機的過度反應。僅僅中止主觀主義的瘟疫，遠不能滿足客觀主義者。客觀主義所追求的，是在追求客觀真理的過程中，除惡務盡地拔掉「自我」這一病根，正如獨裁者以消滅持不同政見者來保持「社會秩序」，戰士以消滅敵人來維持「和平」。

「消除自我」不是我臆造的，這可以在客觀主義的核心文獻中找到。一個世紀之前，正是客觀主義的全盛時期，哲學家卡爾·彼爾森（Karl Pearson）寫了一本名為《科學的基本原理》（*The Grammar of Science*）的書，其中，他為知識的客觀性做了最經典的注腳，他說：「以不為個人感情誤導的事件為基礎以形成判斷的思維習慣，是科學態度的基本特徵。」

可惜的是，緊接著他為科學態度下的定義，有著如佛洛依德般的口誤：「一個持科學態度的人，應該全力以赴地在他的判斷中排除自我。」你或者可以稱之為措辭矛盾，但我卻視其為預言：在之後的一個世紀中，客觀主義已經極為成功地把自我驅除出去，以致

我們的學生要問，他們能不能用第一人稱「我」來寫自己的自傳。

至此，我對客觀主義的批判可以總結為：客觀主義對認識者的自我及已知內容的恐懼，造成認知者的自我與世界分隔，而且造成了我們與我們的學生、學科與自我的隔絕。但是，對客觀主義認知觀的批判還不止於此：客觀主義不能給認知過程一個可靠的解釋，甚至是在科學認知的核心問題上。

沒有一個科學家可以與他的研究對象保持距離而認識它們，如果我們在認知者和認知對象之間成功地建起了客觀主義的牆，我們所能認知的充其量只能是這堵牆。科學要求與世界的聯繫，要求認知者和認知對象之間有活力的碰撞。碰撞固然先要有距離，但是，沒有緊密的接觸就不能稱之為碰撞。

任何求知的過程都是建立聯繫，起源於我們想要更深入知識領域的渴望。為什麼歷史學家要研究已經「死去的」歷史？是為了了解哪一部分歷史仍然存活在我們之中。為什麼生物學家要研究「緘默無言」的自然世界？是為了聽到它控訴我們怎樣破壞了生態環境。文學家為什麼要研究「虛構」的世界？是為了顯示如果沒有想像力，我們不可能了解我們周圍的事物。

求知的過程是與未被接觸的客觀建立聯繫的過程，是對未知領域發生作用的過程。求知是人類對關係的尋求，並因為在這尋求的過程中之種種經歷而最終改變自己的過程。從本質意義上說，求知的本質是關係的建立。

生物學家芭芭拉‧麥克林托克（Barbara McClintock）的故事生動地說明了求知與研究的對象是建立關係而不是切斷關係的過程。麥克林托克於一九九二年逝世，享年九十歲，在她職業生涯的早期，就為遺傳變異的奧祕所吸引，儘管她的研究被認為不正統，她最終因為發現了現代遺傳學的基因圖，而在一九八三年被授予諾貝

爾獎。

　　麥克林托克沒有將她的研究對象客觀化，沒有按照教科書的教條把自己的研究目標設定成將基因分解為資訊的碎片。相反的，她的研究取向乃是基於這樣一個假設：遺傳素質應被理解為一個群體的現象。如某位作者所說，麥克林托克的發現，其重要性在於她比其他人更清楚地認識到生物體的遺傳物質是複雜而又互相依存的。觀察基因在環境中的功能，而不是把它們看作是被隔離的片斷，使她發現了基因可以在染色體上移動。

　　從阿芙林・福克斯・凱勒（Evelyn Fox Keller）採訪麥克林托克所寫的傳記中可以很清楚地看到，麥克林托克關於群體的假設，不只限於基因之間的關係，也包括了基因與基因研究者之間的關係。

　　凱勒的問題是：「為什麼你能比你的同事們更深、更遠地洞察遺傳的奧妙呢？」凱勒這樣描述麥克林托克的回答：「她一再告訴我，研究者必須花時間觀察，必須有那份耐心傾聽我們的研究對象所要告訴我們的，必須有這種把研究對象擁抱入懷的心態。最重要的是，要有『對被研究的生物體的感情』。」

　　當然，麥克林托克所從事的研究要求她具有精確的分析思維能力和準確無誤的資料，沒有這些是不可能贏得諾貝爾獎的。但是，科學家的客觀邏輯思維和資料只是偉大的科學發現所必須有的一個層面。當這位本世紀最偉大的生物學家被問及她發現的核心時，她仍是一如既往地論及關係、連結和群體。正如一位評論人士所說，麥克林托克「移情於她所研究的玉米植株，讓自己潛入它們的世界，從而消除了研究者和研究對象之間的屏障。」

　　凱勒把麥克林托克和其他偉大發現者的才能總結成一句至理名言：麥克林托克透過她與玉米的聯繫，達到了「最高形式的、密切

的、無法抹滅的愛」。

這些話並不只是對芭芭拉・麥克林托克科學工作的寫照，也應該是對我們人類所持有的一切真誠關係的寫照——是對我們與歷史、自然、他人及精神世界關係的寫照。它描寫了一種不受恐懼轄制、尊重且關注「非我」的求知和生活之道。

客觀主義背後真正的驅動力其實並不是我們求得真知的欲望，而是為了支持「知識就是力量，掌握知識就能管理世界」自我膨脹的神話。人們會為了掩飾自己的恐懼而撒謊，而客觀主義則為了掩飾正發生在我們眼前、而我們卻視而不見的事實，進而在知識和力量的問題上撒謊：我們不是在管理世界，我們正在敗壞世界。

現代知識讓我們能操縱世界，但並不能讓我們控制世界的未來。我們的生態環境正走向死亡，而我們的社會制度正面臨失敗。確實，與世界隔離所導致的不和諧行為如不改弦易轍的話，人類勢必把世界引上走向災難的不歸路。客觀主義不但沒有能揭示真實的求知之道，反而只是維繫著我們對科學、技術、力量和控制那日漸式微的迷信。

如果我們能走出恐懼，放棄我們要控制世界的假相而開始實踐充滿愛的求知之路，我們就可以與這個世界的「非我」成為夥伴。找到自己在整個生態系統中的位置，我們才能看清自己的行為中，哪些是能賦予生命的，哪些不能。當我們這樣做時，我們就不是在追求對世界的控制，而是全身全心地投入於自我和世界發展的進程中。這是一種強調聯繫的求知之道，其中，愛取代了恐懼，共生共存取代了控制。這樣的求知之道才能讓我們重新獲得建立好的教學必須具備的聯繫能力。

不要懼怕

　　恐懼無所不在——在我們的文化中，在我們的社會機構中，在我們的學生心裡，也在我們的身上。它把我們之間的聯繫切斷，它到處侵蝕著我們。我們要怎樣才能戰勝恐懼，為著教學目的重新與現實連結呢？我所知道的唯一途徑是在「精神」上戰勝它。

　　恐懼已經成了人類生活的基本要素，以至於所有博大的精神文明都起源於戰勝恐懼。儘管說法不一，但這些傳統都傳遞著同樣的教導：「不要懼怕」。儘管這些傳統的精神文明為我們準備了形形色色戰勝恐懼的方法，它們都表達著同一個希望：即我們可以擺脫恐懼，進入寬容之境。在那裡，與非我的接觸不再具有威脅性，它可以使我們的工作和生活變得更為豐富。

　　認清這一核心教導的真實含義是十分重要的。「不要懼怕」並不意味著我們「*沒有*懼怕」，也不意味著即使有懼怕我們也可以輕而易舉地清除它。相反的，它陳述的是，我們不必**成為**我們自身懼怕的一部分。這兩者是截然不同的。

　　剛開始當老師時，我總是盼望有一天我能熟知教學的技巧，我會變得極有能力、極富經驗、極具教師權威，我可以走進任何課堂而不帶有一絲懼怕。現在當我進入「知天命」之年時，我才知道這一天永遠不會到來。我心中一直會有懼怕，但是我不必成為自己的懼怕，因為在我們內心世界裡，我仍有言語和行動的自由。

　　每次我走進課堂，我可以自由地選擇我教學的源泉，正如我可以自由地選擇我學生心中的某一部分作為教學的目標，而不必讓學生的恐懼成為我教學的源泉。我可以為求知欲而教、為希望而教、為同情而教、為誠實而教，這些東西如同懼怕一樣，存在於我心

中。我可以有懼怕，但只要我不選擇它作為我教學的立足之地，我就不為懼怕所同化。

我們都渴望能找到這樣的立足之地。對這種渴望的描寫，莫過於我在序論中所引用的里爾克的詩：

> 哦，不能分割，
> 即使是星河規律間最小的縫隙。
> 內在，究竟是什麼？
> 如果不是湛深的天空，
> 有著鳥兒乘著歸巢的風鼓翼穿越。

「切斷關係」是我們生活的常態，但在我們內心卻躁動著對連結的渴望——渴望著我們的心靈與遙遠星際聯繫，渴望著我們與我們世界中的非我聯繫，渴望著與他人在人際關係中的聯繫。因為我們知道，透過這些聯繫，我們的生活才能有返家之感，才能對他人不再形同陌路，才能不再是這地球的僑居之客。

但是，里爾克詩中的「歸巢」有兩層意思，使他的「歸巢」與傳統觀念中的家有所不同。其一，它是內在的，而非外在的，這個家不是一塊我們可以買下的產業。同樣的道理，也沒有人能禁止我們進入或從我們這裡把它偷走。無論我們在哪裡，身處什麼樣的環境中，或前面有什麼樣的艱難險阻，我們都能轉向內心，回到家中。

其二，一旦我們轉向內心，我們所找到的家不是一個封閉狹隘的空間，讓我們置身於其中，既不見人也不為人所見。相反地，這個家如同天空一般廣闊。與我們在家中同居的，不僅是我們熟悉的思想和與我們相似的人們，而且這個家是一個盡善盡美、包容了渺小的自我和浩瀚的非我之內心世界。在這裡，我們知道自己不是受

到非我威脅的游離分子，而是生活網絡內的有機組成分子，因此我們能夠走出懼怕而趨向完整。

如果有人問：「怎樣才能走出破壞我們所有連結的懼怕呢？」我的回答是：「建立起可以驅走懼怕感的連結。」我知道這是循環論證，但是精神生活的作用就是如此，如一個無始無終的圈。正如艾略特（Eliot）所說的：「又到達了我們的起點，那似曾相識的地方。」唯一的選擇是，你是選擇站在圈內？還是圈外？

怎樣才能成為圈內的一部分呢？當我們被恐懼攫住以致互相分隔時，怎樣才能讓我們互相攜手呢？其實「答案」早已存在於我們心中。

在人類的心理活動中，對立而共存的現象是處處可見的：愛與恨、歡笑和眼淚、懼怕與渴望。與我們對關係及伴隨關係而來的種種挑戰之強烈懼怕相依相存的，是我們對關係及伴隨關係而來的種種安慰的渴望。在我們竭盡全力切斷關係以保護自身努力的背後，是人類靈魂中永恆的、對關係的需要，「哦，不能分割……」我們可以走進圈內，只要我們降服於心中與恐懼形影相隨那份對連結的渴望。

有時，我們要做的只是簡單地邁出這一步。兩年前，我有機會和一群在幼稚園至高中（K-12）任教的資深老師一起工作。其中一位老師身高將近兩百公分，體重一百多公斤，有著標準的運動員體型，深沉的嗓音。在座所有人，包括他自己，都不曾把他與懼怕聯想在一起。

連續幾個暑假，這位老師所任教的學校校長要他參加暑假舉辦的技術培訓課程。校長認為，工藝課程需要專業化、現代化，否則就會喪失學生源。

這位老師回答說：無稽之談！學校對技術化的要求只是趕時髦

而已。即使不是趕時髦，高中生應該學的也是工藝課程的基礎：親手操作工具和材料，以後他們有的是時間再追求手藝上精益求精。

這位工藝老師和他的校長陷入了一場要求與拒絕的拉鋸戰，頗為折損士氣，他們之間的關係惡化了，而且越來越差。當他來參加我們的研討會時，這個破裂的關係沉甸甸地壓在他的心頭上。

有一天，這位工藝老師在研討會上告訴大家他與校長的關係有所突破。他的校長又開始和他談話，要求他參加新技術的進修。這一次，他不再為他的傳統工藝課程而辯護，他直截了當地對校長說：「我還是不想去進修，但現在我知道自己為什麼不想去了。我怕……我怕學不會新技術，我怕我的課程被淘汰，我怕我成為一名過時的老師。」

校長沉默了一陣子，然後回答：「我也怕，讓我們一起去參加進修班吧。」

他們果真一起去了，他們之間的關係不僅恢復，而且深化了。這位工藝老師看到自己的課程變得現代化，他的職業也重獲生機。

這位老師在關係上的突破並不涉及在教學中運用新技術的問題。實際上，這一突破與他所做的任何事情都沒有關係。關係的突破是因為他找到**人生**新的生活方式，他意識到他所懼怕的事物，但他未被懼怕所同化——他誠實地談論懼怕的感受並採取實際行動，而非出於懼怕而談論和行動。

這位工藝老師尊重他心中與恐懼形影相隨的渴望，那份要與他的校長、他的學生、他的工作、他的從教之心相連結的渴望。有時，走出懼怕所需要的就是如此簡單。❁

第 三 章

隱藏的完整
教與學的矛盾

The Hidden Wholeness
Paradox in Teaching and Learning

◇　　◇　　◇

看不見的豐盛
存在於一切看得見的事物之中，
微弱的燈光，
謙卑的無名，
隱藏的完整。
這神祕的合一與統整
構成智慧——眾生之母
自然的餵養。

——選自 Thomas Merton，〈蘇菲亞〉（Hagia Sophia）

視世界為整體

　　分隔的文化被恐懼所驅動，因而破壞了教與學。分隔的文化也受到西方傳統走極端的思維方法的驅動，這種思維方式推崇分隔成為一種智力的美德。這種思維方法已經如此深刻地融入我們的文化之中，以至於我們即使努力嘗試，也很難從中逃逸。我可以用自己的經歷來證明這一點。

　　在前一章中我曾指出，我們必須糾正教學中一些不平衡的現象。為了改變我們過於強調教學方法的觀點，我強調了自我認同與人格統合的重要性；為了改變我們對客觀主義的迷戀，我強調了主觀的參與；為了改變我們的唯智主義，我強調了情感對智力活動的促進或阻礙作用。

　　我的目的是要在兩者之間找回一個平衡。但是在一個好走極端的文化中，不詆毀矛盾的一端幾乎不能做到這一點。當我強調被忽視的一端時，我可能被誤會是以此作為拙劣教學方法的藉口，以為教師只要能「表現自我」就行了。有些人會以為，世界不再有真理的標準，只要「你認為對的就是對的」；更有些人相信，只要你是「分享你的感受」，就不必關心思想的內容是什麼。

　　很明顯（我希望！），這是歪曲了我的觀點。但是這樣的歪曲是司空見慣的，因為我們已經習慣了不看事物的兩面，或者，習慣了不傾聽不同的意見。有些人對這種對抗式的對話樂此不疲：你告訴我你是怎麼想的，然後我反其道而言之，不論這反駁是不是合理。問題還不僅僅於此，問題的根源在於我們是透過分析的眼光來看世界，我們看所有事物都是非此即彼，非正即反，非白即黑。我們把現實分隔成無窮盡的「**非此即彼、兩者取一**」的選擇。總而言

之，我們將世界視為分隔的。

用分析的眼光看世界，正如與世界保持一定的距離，能賦予我們力量。一如我對客觀主義的尊重，我也尊重分析的能力，如果運用得恰如其分的話。我在這本書中的許多論點，都是運用分析的方式才得到的。我用來寫作的這部神奇的電腦，也是運用成千上萬個「非此即彼」的分析結果來驅動的。沒有二進位邏輯，我們不可能有電腦和其他現代科學的成果。

但是，在帶給我們現代科學技術的同時，「非此即彼」的思維方式也讓我們用分隔的眼光看世界，因而毀掉了生活的奇妙和整體觀。雪上加霜的是，這種求知方式已經深入到我們生活的每一個層面，而成為我們思維方式的常態，以至於當我們把這種思維方式運用於邏輯所不能解決的人類終極問題時，它誤導了我們。

我們要怎樣才能擺脫這種非此即彼的思維方式呢？如果我們能在保留對我們有益的分析邏輯的同時，又具備了優質教學所必需的「視世界為整體」的思維習慣，我們的教育會是怎樣呢？

我想引述諾貝爾物理獎得主尼爾斯・波爾（Niels Bohr）在獲獎致辭中的一段話來闡述我的觀點。他說：「一個真實的陳述的反面肯定是一個錯誤的陳述。但是，深奧的真理之矛盾面卻可能是另一個深奧的真理。」

藉著精心選擇的措辭，波爾定義了「視世界為整體」的精髓：悖論的概念（the concept of paradox）。在某種情況下，真理不是透過「非此即彼」（either-or）的選擇不斷地分隔世界，而是透過「**合二為一**」（both-and）發現的。在某種情況下，真理是由看似矛盾的矛盾面相輔相成的，如果我們要理解真理，就要學會同時接受矛盾的雙方。

正如波爾所證明的，在經驗論的世界中，我們必須在真實和虛

假之間做出選擇,我們的選擇必須基於事實和推理。如果我們所面臨的問題是判斷眼前的這棵樹是榆樹還是楓樹,我們可以考察這棵樹的植物形態,然後十分有把握地決定它是哪一種樹,而不可能兩者都是。

但是波爾也證實了,還有另一種知識範疇是二元進位的邏輯所不適用的,那就是「深刻真理」(profound truth)的範疇。在其中,如果我們想要找到真理,就不能把世界分隔成部分,而必須把世界視為整體。

深刻真理不同於經驗的事實,它是由似相矛盾的現象所構成,但深刻並不一定意味著怪異或神祕。我們人類每天都經歷到包含著矛盾的深刻現象,因為我們自己就是會呼吸的矛盾體!確實,呼吸本身就是一個必須包括吸入和呼出的矛盾,而為一個整體。

我在前兩章中所提到的有關教學的事實,許多都可以用矛盾的統一來表示:

- 我積三十年教學經驗之大成與我每次走進一個新班級時初出茅廬的感受。
- 我內在不可見的自我只有在與外界可見的非我接觸時才顯出真相而為我所察覺。
- 優質教學來自自我而不是教學方法,但是如果在自我指導下運用與自我一致的教學方法,教學方法則可以完善自我。
- 教學發生在個體生活和公共生活的交集處,想要當好教師,我必須學會處身於這兩個矛盾面相會的位置。
- 智力需要情感的協調才能有效地工作。要開啟學生的心智,我必須進入他們的情感。

上述事實沒有一個可以透過我們的學術文化中所慣用的「非此

即彼」的方法來解決。當我向教授們談到學生將恐懼感帶到課堂中而使教學癱瘓時，最常聽到的反駁是：「那你是要我們不當教授，去當心理醫師囉？」

不，這不是我要的。我要的是一種比二進位思維更豐富、更包容的教學模式。這一模式讓我們明白，不論我們對這種矛盾的統一是否感到適意，那些看似矛盾的想法和感覺實際上是互相依存的。

在教授們的反駁背後，是因為缺乏能力把我們和我們學生身上的智力和情感視為一體。智力和情感是不可分的，不能由教授和心理醫師各司其職、各負其責。在一個健康的人身上，心和腦是一個整體，它們的關係必須是合一的，而不是取捨的。尊重心腦合一這種矛盾統一的教學，能讓我們都變得更完全。

當世界四分五裂時

用分隔的眼光看世界是訓練的結果，因為當我們來到這個世界時，我們本能地把世界看作一個整體。觀察一個孩子天生的行為，你就會發現，活動和休息、思維和情感、眼淚和歡笑，總是密不可分地連結在一起。

對一個孩子來說，相反的兩方是渾然天成地依存在一起，但是這種天生對矛盾統一體的接受能力很快就被泯滅了。在我們成年之前就已經被告知，我們能否生存取決於能否把生活剖解成不同的部分，並有能力區別對待它們。

區分辨別的能力是重要的，但只有在不那麼做就不能成功的場合下才是重要的。一個孩子只有學會了區別冷熱才不會被燙傷；只有學會了區別對錯才不會傷害別人。但發現和接受矛盾統一的能力也是同樣重要的，尤其是在我們進入了成人期後。那時，我們的生

活中充滿了智慧和情感、個人生活和職業生活、陰暗和光明的矛盾統一。一味地剖解和分析只會讓我們陷入困境。

我們常常隨心所欲地把事物分離開來，而根本不知道我們為之付出的代價有多大。一個矛盾的兩端恰如一個電池的兩極：把兩極連接起來，它們為生活提供了能量；分開它們，電流就停止了。當我們把生活中任何一個相互依存的重要部分一分為二時，每一部分都變成無生命的片斷，我們也就變成無生命的個體了。把一個矛盾統一體分解為矛盾的兩極，對我們的智力、情感和精神生活的影響，就如同把呼吸定義為只是吸入而沒有呼出對我們身體的影響一樣。

以我們群居和獨處的需要為例，人類生來需要有人際之間的聯繫，若沒有豐富的互相滋養的關係，我們就會枯萎死亡。我這裡說的並不只是比喻，臨床資料也證明，缺乏人際關係的人比起有家庭和朋友的人更容易生病，而且生病後恢復得更慢。

但同時，我們生來又是孤獨的。我們的生活可以充滿了和他人的關係，但是我們內在的自我卻是沒有任何人可以充分進入並了解的。如果我們不能接受我們終極的孤獨，一直期望從群體中尋找生活意義的話，我們也會枯萎死亡。他人的意見在我們生活的某個階段可能有某種程度的幫助，但是我們越想深入了解生命的奧祕，我們越需要和孤獨的自我保持和諧，才能健康和完全。

我們對群居和獨處的同等需求構成一個重要的矛盾統一體。一旦這矛盾被分隔，賦予我們活力這兩個部分就會退化成無生命的幽靈。獨處一旦脫離了群體，就不再是豐富而富有滿足感的內在體驗，而成了孤單的離群索居；沒有了獨處的群體也不再是滋養生命的關係結構，而成了吵吵鬧鬧、疏離混亂的烏合之眾。

如潘霍華（Dietrich Bonhoeffer）所說：「讓不願獨處的人認識

群體的重要，讓不在群體中的人認識獨處的重要。」在一個把所有矛盾一分為二的文化中，許多人不懂得獨處與群體的辯證關係，他們知道的只是界於孤單與隨眾之間的兩難境地。

　　我們甚至發展了人格心理學使這種兩難的局面更加強烈。我這裡指的是我們使用（或錯用）心理測驗把人劃分為各種「人格類型」。我是內向的還是外向的？我是自我導向（inner-directed）還是他人導向（other-directed）？我是本能型的還是知覺型的？我是女性化的（社群傾向）還是男性化的（競爭傾向）？我們把自己和他人都放在「非此即彼」的盒子中，不再接受人類的自我是矛盾統一體這一事實。

　　教育界同樣充滿了被分離成兩極的矛盾，從而造成這樣的後果：

- 我們分隔了心和腦，其結果是我們的腦不知道如何感受，而心不知道如何思考。
- 我們分隔了事實和感受，其結果是沒有生命的事實使世界變得冷漠和疏離，而無知的情感把真理簡約成我們的感受。
- 我們分隔了理論和實踐，其結果是理論與生活脫節，而實踐缺乏理論的導引。
- 我們分隔了教與學，其結果是教師高談闊論但不傾聽，學生洗耳恭聽但不發言。

　　辯證思維（paradoxical thinking）要求我們接受並尊重矛盾統一的觀點，唯有這樣我們才能完地、完整地認識這一世界。此觀點既不同於毫無轉圜的現實主義觀（realism），也不同於含情脈脈的浪漫主義觀（romanticism），而是結合兩者創新的綜效（synthesis）。

比起立足於非此即彼的觀點所看到的簡單世界，這一新觀點所觀察的世界顯得複雜和混亂；但是，簡單化所帶給我們的是死氣沉沉與枯燥乏味。當我們視世界為整體時，我們為這個世界、為我們的學生、為我們自己注入了活力。

自我的限制與潛能

矛盾統一並不只是一種抽象的認識過程，透過它，我們可以更了解一位好教師必須具備的自我。

在一個教學研討會上，我要求教授們用矛盾的觀點來觀察他們自己的課堂教學。我要求他們簡單地描述最近發生在教學中的兩個情景：一個是他們教得得心應手，讓他們認為他們生來就是當教師的情景；一個是他們教得一塌糊塗，以至於讓他們覺得無地自容的情景。

回憶我們教學經驗中的這種情景是探索教學矛盾的第一步：從春風得意到敗走麥城的轉變可以發生在一夕之間。雖然我們平時常常以自嘲或宿命的觀點看待這種轉變，可是這次我要求教授們認真地把這個活動當作認識自我的一個機會。

然後，我把他們分成三人一組，要他們互相分析他們正面的教學經驗，幫助彼此發現每個人在教學上的才能。也就是說，幫助每個教授了解自己的教學天分，指出這位教師的優點和能力，使這個正面的教學案例成為一個真實的學習經歷。

在書面上說明這個活動，實遠不如面對面來得有趣，所以我希望你能找幾位同事一起試試看，也藉此不可多得的機會互相肯定彼此。這一活動不僅幫助我們認清矛盾統一，它也加深了我們身為大學教授同僚的相互認同感。

　　以下是我自己教學生涯中的一段時光。那時我在阿帕拉契（Appalachia）的一所小學校教書，學生主要來自經濟不景氣的地區。

　　在一堂下午一點的四年級生的研討會上，我們正閱讀羅伯特・貝拉（Robert Bellah）和同事合著的《心靈的習慣》（*Habits of the Heart*）一書。我在前一堂課上已經跟學生講述過這書的主題。這本書是依美國北部城市的情況架構出來的，主題是表現出個人主義已經取代了社區和傳統。現在，我要求學生用這本書中的主題來對照他們在阿帕拉契的生活經歷。

　　我要求他們分成小組，依據我給的題綱來討論，然後合併成一個大組，在我的指導下討論他們學到的，以及他們對「自由」的看法（「自由」是這本書中論述個人主義時的一個關鍵概念）。我要求學生們特別著重於討論「從……得自由」（freedom from）和「做……的自由」（freedom to）的含義。小組討論時顯得非常熱烈，大組討論中也有四分之三的同學都積極參與討論。

　　許多同學提到相同的感受：他們希望能自由地不受諸如不健康的家庭關係、狹隘的宗教觀，以及社會偏見等的羈絆。他們希望能自由地作自己、為自己做決定、表達自我，甚至「自私」。他們的發言看來與書的主題十分吻合，但我覺得，他們的生活中應該還有更多是他們不能或不願觸及的。

　　然後，有一個學生開始講述不久前發生在他身上的故事，他因為毒品交易而被逮捕，結果發現原來是弄錯人

了。他是一個人緣很好的學生，因為他的宗教信仰堅定，又頗有人文素養，在校園中小有名氣。因為他品德良好，使得逮捕顯得更為可笑，他的故事也引得大家笑聲不斷，直到我問他：「你為什麼不控告警察局呢？說不定你可以一夜致富。」

全班安靜下來，聽他解釋他為什麼沒有控告警察局。他說，他當時很高興他們終於搞清楚他的身分而洗清了他的冤枉，然後他又為員警辯護說：「每個人都有犯錯的時候。」幾乎全部的同學都立刻表示同意他的道德立場。

我試著導向更深入的討論：「讓我給你照一下鏡子。你一直都在談個人主義和對自我的追尋，但是在所有這些的背後，實際上你持有強烈的團體意識和歸屬感。這是為什麼你決定原諒員警們的錯誤，而不是選擇藉機發財。在《心靈的習慣》一書中，作者所談的個人主義是不會為這種團體感所軟化的。一個我們公認的個人主義者一定當晚就找個律師，第二天一早就把訴狀遞進去了。」

在討論中，學生們發現這個看法既有趣又別有洞見。他們認為這種個人主義和團體精神的混合更能準確地描述自己。我覺得我和學生們一起完成了兩件事：我們更深刻地了解了這本書，也更深刻地理解了學生的生活。我更為我們以後的討論找到了題綱：為什麼他們在個人主義的理想口號和集體主義的實際行為之間存在著這樣的落差？

這個教學片段顯示出我的哪些教學才能呢？這個問題問得像是有點自鳴得意，但我希望你不要這麼快就下定論，且看我的第二個例子，你將清楚看到我並不像第一個例子中所表現得那麼有教學的

天分。

　　以下是其他教師聽了我的故事後，從中發掘到我擁有的才能：

- 周密計畫和隨機應變相結合的能力：清楚地表述我的教學目標，但不拘泥於達成目標的途徑。
- 對教學內容的充分掌握及幫助學生掌握學習內容的決心。
- 有幫助學生在課堂學習和實際生活之間建立聯繫的企圖，並且有達成的策略。
- 對學生的生活經歷和設定的教學內容同樣尊重。
- 比學生更清楚地洞察他們生活的能力，能從他們的表述中發掘更深刻的問題，並渴望幫助學生更深刻地認識自己。
- 提出發人深省的問題並傾聽學生回應的能力。不但聽到他們所說的，更聽到他們心中未說出的。
- 願意冒險的勇氣，邀請學生展開一場不能預期結果的對話。

　　聽到其他教師對自己的肯定，像是接受了一次精神SPA，僅憑這一點我們也應該樂此不疲才是。但這其中還有另外兩個重要的好處：第一，了解自己的才能使我們的教學與自我更為一致。對我們當中的許多人來說，承認自己的才能不是一件容易的事，可能是因為我們謙虛，也可能是我們不願意鋒芒太露。可是，如果我們沒被提醒我們所擁有的才能，或是不尊重這些才能，我們很容易被占有主導地位的教學法所同化，即使這種教學法與我們自己毫無共通之處。

　　第二，我們需要重新確認自己的才能，才能進入下一階段的任務：和他人一起審視我們教學經驗中讓我們對教學感到痛苦的挫敗。審視自己的「失敗」並不容易，但是如果能參照著我們的長處來審視失敗的話，這項任務就不那麼困難，甚至可以成果豐碩。接

下來，我希望能揭示的就是我們怎樣用矛盾的觀點，透過失敗來加深對自我的了解，因它是優質教學的源頭。

這是我的第二個例子，發生在同一所學校、同一個學期、同一門課，但不同的班級——這證明了你絕不會兩次跨進同一條河裡！

　　這也是一堂下午三點四年級學生的專題討論。從頭一天我就被一種感覺困擾：我覺得班上有一大部分的學生對這門課心懷譏諷，並打定主意不合作。無論我怎樣努力，他們的反應都是從百無聊賴，變成悶悶不樂，然後完全沉默。

　　有三位女生的行為特別醒目。她們像初中生一樣來回傳遞紙條，毫不在意我為課堂討論所準備的講義，在我講課與課堂討論時不停地竊竊私語，對我和其他同學的發言嗤之以鼻等等。原本班上的氣氛就令我不快，這三位女生更成了我的眼中釘。

　　幾堂課之後，我告訴全班同學，我對這堂課不滿意。我指出他們擾亂教學的所有行為，然後問他們，我要怎樣做才能讓他們參與課堂的學習。沒有人提出任何建議，但是隨著時間過去，逐漸有學生開始表現出少許的興趣，但是「三人幫」仍依然我行我素。

　　終於，有一天我在校園中與她們不期而遇，我直接與她們發生了正面衝突。說是正面衝突可完全不誇張，我當時火冒三丈，她們卻告訴我以下三點：第一，我不應該如此個人情緒化地看待整個事情；第二，我不應該在課堂上對她們其中一位所表達的意見表示強烈的反對；第三，她們都四年級了，早就對這些必修課（包括這門課在內）厭

煩到極點，早在學期開始之前，她們就下定決心要把這堂課搞得雞犬不寧。

她們所說的當然讓我更憤怒了，因此我有所堅持直到她們道歉。同時，我也為自己的發怒向她們道歉（這一點我覺得過分了，因為我被她們三個搞得頭昏腦脹），並建議我們或許可以重新開始。她們答應一試，可能是為了讓我不再大發雷霆。

這次衝突後，三人幫中的一個確實有所改進，對課堂教學做了些有益的貢獻；另外兩位儘管在搗亂上有所收斂，對課堂活動卻仍然置身事外。整堂課依然是沉悶乏味，我唯一的希望是這個學期趕快過去。這時的我已經可以讓每堂課都平靜地度過，我也不再為課堂中發生的任何事情而情緒不安。因為我已降低了對這門課的期望：為求彼此相安無事，我放棄對學生的期望。我痛惡這樣的教學和生活，可是對這個班級，我好像別無選擇。

這堂課的噩夢在我腦海中不知重演了多少次，它帶給我強烈的痛苦和憤怒，以致我每次都匆匆地跳過噩夢的重演而自問：「有沒有什麼不同的作法可以帶給我不一樣的結果呢？」但是，當我在工作坊分享這個經歷時，我堅持要大家像躲避瘟疫一樣地先避開這個問題。

我們會自然而然地問這個問題，是因為我們自然而然地想要躲避不愉快的回憶。立刻問這個問題，讓我們可以不必重溫痛苦的經歷，直接試圖找到解決問題的方法。但是，跳過對痛苦經歷的反思而尋找「實際的解決方法」，使我們錯失了認識自我的良機，而這樣的良機總是伴隨著我們的危機出現——我們必須心甘情願讓自己

更長久地沉浸在讓我們受到傷害的痛苦中才能認識自我。

　　最終我們當然要問「怎麼做」的問題，但是，對自我的認識是改進教學最關鍵的第一步。我對教學的改革如果不是出自我的內心，將不會對任何人有任何影響。

　　所以我要求參加工作坊的教授們用這樣一個矛盾統一的觀點來審視我的失敗：任何人的天賦都伴隨著限制，任何一個優勢同時也是缺點或限制。自我的某一方面在某一特定的情況下對我有益，卻不可能在每個場合中都對我有益。如果分析能力是我的強項，我在解決理智型問題時會遊刃有餘；但是，如果要解決的問題是關於我和他人的感情糾葛，而我卻試圖用我的分析能力來解決的話，我的強項就很明顯地變成了我的限制。

　　我們的才幹和限制是一體的兩面，對於這樣的現象，我們該怎麼辦呢？關鍵在於不能一成不變，要更深刻地理解才幹和限制相互依存的關係，理解自我的矛盾統一的複雜性。這樣，我們才能在完整的自我中更優雅地生活和工作。

　　每次向同事暴露我教學中這種失敗的經歷時，只要我的同事們不急於尋找解決問題的答案，我一定能從中學到關於我教學能力的新東西。最重要的是，讓我看到我的教學才幹是我與學生共舞的能力，我們一起創造了一個使教和學成為可能的環境。但是，這樣的才幹只有當我對學生保持一個開放、信任和期望的態度時，才會有用。

　　一旦學生不願意與我共舞，我的才幹就變成了我的限制。我會憤怒，儘管自我中人際關係的能力幫助我掩飾我的憤怒。我會對我不心甘情願的舞伴心懷沉默的怨恨，我開始踩到他們的腳，還不時踢到他們的脛骨。因為他們拒絕給我運用我才幹的機會，我很快地變得封閉、不信任和失望。

　　我不會因此而採取保持距離的教學，來滿足這些學生不願與我連結的願望，這樣的教學違背我的自我，且只會使情況變得更糟。相反地，我必須學會如何把自我中矛盾的兩極，渴望與人共舞的自我和舞伴棄我而去時我仍持有的自我，結合在一起。

　　用「**共存**」而不是「**選擇**」來連結自我中矛盾的兩極是十分重要的，因為這表明了一個真實的矛盾統一體。我的自我感是如此深刻地依賴於與他人的關係，所以當這一聯繫被切斷時，我一定或多或少會受到傷害，這是一個我無法逃避的事實。但是，即使與他人之間的關係失敗時，我仍擁有自我，我所經歷的痛苦就證明了這一點。

　　我必須知道，教學中敗走麥城的痛苦和教學中春風得意的歡樂，都同樣是自我的表現。如果我能接受這一簡單但是深刻的真理，或許可以更緊緊抓住自己的長處而控制我的憤怒，這對我和我的學生都不可不說是一大幸事。

　　造成我在教學中失敗的根源不在於教學的方法，儘管在這樣的情景中，可能有某種教學方法能幫助我。失敗的根源是自我被否定、被湮滅的感覺，因為我的學生不願配合我來實現我的自我。

　　直截了當地承認這一點確實讓人難為情。從理智上而言，假定他人（尤其是我的學生）存在的目的是為了配合我實現我的自我，我知道這是多麼可笑；不僅是可笑，簡直是傲慢之極。但這卻是我在這堂課上的經歷所顯露出來的，要想成為一個更好的教師，我必須面對此一令我汗顏的事實。

　　要成為一個更好的教師，我必須培養一個既依賴他人又不依賴他人的自我觀，這是一個真實的矛盾。要想做到這一點，我必須既向自己的內心求索，又尋求他人的幫助，來認識我自己——這是另一個我們的矛盾，我們的內在領域中充滿了許多這樣的矛盾。

矛盾統一與教學設計

　　矛盾的原則不僅是我們了解自我複雜性和潛能的指南，它也指導我們考察教室中的動態，從而幫助我們設計教學空間以完成教學目標。

　　「空間」在這裡指的是一個多元素的複合體，不僅包括教學環境的安排，還包括教室中的情感體驗，包括了我為學生們將要探索的學習課題所設計的理論框架，還有我試圖營造的教學中的情感氛圍，以及我們在課堂學習中要遵守的課堂規則。對我來說，最適合教學的教學空間是由一系列的矛盾統一所構成的，我將解釋為什麼是如此。

　　教與學需要高度投身其中的意識，而在我們從事高張力的創造性活動時，這種意識變得特別明顯。在這裡，此種張力就是矛盾統一的同義詞，如同我們連接電池的正負兩極而產生的電流使我們被充電一樣。並不是所有的好教師都使用同一種教學方法，但無論他們使用什麼樣的方法，他們都把學生引入創造性的張力狀態。

　　當我設計某一堂課時，我意識到有六種不同的矛盾統一的高張力狀態可以幫助我建立起教學空間。我並不是說，建立教學空間的矛盾統一規則僅此六家，別無分店。這些只是我在解釋如何用矛盾統一的觀點來設計教學時所考慮到的。

　　1. 教學空間必須既有規定的範疇，又是開放的。
　　2. 教學空間必須既友善，又充滿挑戰。
　　3. 教學空間必須既尊重個人的意見，又反映集體的聲音。
　　4. 教學空間必須既看重個人「瑣碎」的故事，又注重課堂的

「重要」課題。

5. 教學空間必須既鼓勵獨立思考，又使每個學生置身於學習團
　體的資源之中。

6. 教學空間必須既有發表意見的自由，又有保持沉默的權利。

　為了各位讀者不至於被這些抽象的概念煩擾到了極點，我將提
供一些如何在教學實踐中運用這些原則的建議：

　1. 教學空間必須既有規定的範疇，又是開放的。教學空間的範
疇是由問題、課文和資料來規定的，它使我們集中注意於手上的課
題。在這一規定的範圍內，學生可以自由地發表意見，但是，他們
的參與必須是在教師和教材的引導下與討論的題目相關的。教材必
須條理分明，引人入勝，使學生即使在心存疑惑、恨不能落荒而逃
的時候，仍不偏離所學的課程。沒有範疇的空間不是空間，而是混
亂的虛空，學習不可能在其中發生。

　要使空間成其為空間，其開放性與界定性是同等重要的。教學
空間要對引導我們獲得知識的不同途徑開放，對伴隨著真正的學習
而來的驚喜開放。如果空間的界定性讓我們知道，我們求知的進程
是有目的的，開放性則讓我們明瞭，達到這一目的可以透過許多不
同的途徑。更深一層的是，學習空間的開放性意味著，我們在求知
過程開始時所設定的目的，可能並不是我們將要達到的，所以我們
在求知的過程中，要保持對真正求知目的的警覺性。

　2. 教學空間必須既友善，又充滿挑戰。一個開放的空間使人思
想開放，但同時也使人擔心會在未知的領域中迷失。所以，學習的
空間應該對學習者持開放歡迎的態度，讓他們感到自由、安全而又
有信任感。雖然學習空間範疇的界定對此提供了一定程度的保證，

但是,當學習內容變得困難時,我們需要更多的保證。所以,學習空間要幫助學生面對他們在知識領域中探究時可能遇到的危險:要提供他們休息的場所,以及汲取營養的地方。當他們覺得過於暴露時,為他們提供藏身之處。

但是,如果這種探索要達成某個目的,此一學習空間就必須是有所要求的。如果我們期望學生們學習有深度,就不能讓他們太過放鬆而昏昏欲睡:他們必須感受到在客觀和主觀世界中,隨著學習的深入而來的挑戰和危機。我們並不需要刻意營造這樣的感受,它是隨著學習的範疇而來的。我們只要界定了學習的空間,讓其間充滿重要的課題,不讓任何一個學生從中逃脫或是縮小所學課題的重要性。

3. 教學空間必須既尊重個人的意見,又反映集體的聲音。一個激勵學習的教學空間必須讓每個學生都有機會表達自己真實的想法,無論此一想法是否為他人所贊同。如果他們沒有機會表述自己的觀點、情感、困惑、無知和偏見,學習就不可能發生。事實上,只有當人們吐露心聲時,教育才變得可能。

可是,教學空間也不能僅是個人發表意見的自由論壇,它必須同時也是形成和擴大集體共識的場所。這一共識進而對個體的意見或肯定、或發問、或存疑、或糾正。教師的任務就是傾聽這一集體的聲音,並不時地提供回饋,讓學生意識到並修正他們正形成的共識。

這一求同存異的矛盾統一原則鮮明地表現在一個課堂外的例子:我們如何達成共識做出決定。在團體中,哪怕只要有一個不同的聲音存在,團體就不能做出決定,這就要求一個團體學會用心傾聽每個人的意見,要求團體既不失卻了主張,又不目中無人。在一

個求同存異的學習空間中，學生不僅學到關於這門學科的知識，他們也學會表達他們對學科的意見和看法，學會在學習中用逐漸形成的集體智慧來改變他們自己的意見和看法。

4. 教學空間必須既看重個人「瑣碎」的故事，又注重課堂的「重要」課題。 一個學習的空間不應該被抽象的概念充斥，以至於不留下一點空間給學生生活中細微但卻充滿生氣和活力的現實。在學習環境中，必須給學生們留下大量的空間，分享他們從親身經歷中所學到的東西。

但是，如果你我的這些瑣事變成學習中的唯一內容，我們就會在自我陶醉中迷失。所以，學科中那些替我們規劃人生、讓我們人生經歷有所意義的學科之基本內容和理論模式，都必須在教學空間中呈現。

5. 教學空間必須既鼓勵獨立思考，又使每個學生置身於學習團體的資源之中。 學習有賴於靜思——不單是因為學生需要有獨立思考的時間來領會和吸收所學的知識，更是因為我們要尊重而不是冒犯學生內心的自我。但是，學習也有賴於團體——我們需要有對話式的團體交流來暴露我們自己知識的缺失，檢驗我們的觀點，修正我們的偏見，並擴展我們的知識。這樣的對話讓我們不至於只沉溺在自己的思想中。

但是，有些學習的團體卻是與個人的靜思格格不入的，他們不尊重個人的隱私，並粗暴地侵犯人們的內在。當一個團體規定團體中的每一成員都必須發表看法，或是都必須用同一種聲音說話時，無論這樣的要求多麼不露痕跡，發表意見的願望和不同的意見都被抑制了，且個人靜思的權利被冒犯了，學習也就不可能發生。

一個真正的學習團體不僅與個人的靜思相容，它在本質上應該

是最大程度地完善我們內在的教師要求我們學到的。在一個尊重個人內心奧祕的學習空間中，我們互相幫助，除去妨礙我們洞察事物的障礙。靠著教師的呵護而產生某種程度的敏銳和安全感，學習的團體讓我們看到了解我們內心真實生活的可能和障礙。

6. 教學空間必須既有發表意見的自由，又有保持沉默的權利。語詞並不是教學所憑藉的唯一媒介——沉默也是教學的方法之一。沉默讓我們有機會反思我們的所說所聞；沉默可以是從自我、從他人、從世界而來的大音希聲。

心理學家認為，一個典型的群體可以忍受十五秒的沉默，然後一定有人會覺得必須說些什麼來打破僵局。這其實又是我們的恐懼感在作祟，它讓我們覺得沉默是一種過錯，覺得不發出一點噪音，有價值的事就不會發生。但是在一個真正的教學情境中，沉思默想是學生內心學習活動的寶貴源泉，是深層學習活動的必須媒介。

以上六個矛盾統一合成了一個堅實的教學理論，但在實踐中該如何運用呢？我對這個問題的回答有一個限制性的條件：以下的答案不是一個可以套用的教學公式，而是我對如何在教學實踐中運用這六個矛盾統一原則的個人體會。

這些矛盾統一的原則能幫助每一位教師認識自我，幫助教師建立起他的教學空間。但是，我以下要論及的教學法產生於我的自我，而我的自我與他人的自我可能少有共通之處，對我的教學方法做出你自己的判斷，或許可以幫助你找到適合你的教學源泉。

在教室中運用矛盾統一的原則

為了解釋如何在課堂教學中運用矛盾統一的原則，我有必要在

充分意識到第二個案例所帶給我的羞辱之下，回顧一下第一個案例中的一些細節。當我坐下來為第一個案例中所描述的課堂教學備課時，我開始運用第一個矛盾統一的原則：教學空間必須既有規定的範疇又是開放的。為了運用這一原則，我將注意力轉向我們當日課堂討論所用的書：《心靈的習慣》。

　　一本好書本身就體現了範疇和開放。書中所呈現清楚、令人信服的命題就界定了範疇，而書中對這些命題的思索即提供了探索的空間。選擇這本書作為課堂讀物並讓自己沉浸於其中，我經常能感受到自己渴望為我的學生創造出理想的學習空間。所以，我重溫了書中的中心命題，並決定把討論的重點落實在美國對自由的信仰這個問題上。

　　但是，從書中所找到的教學萌發點並不意味著我們要無條件地依附於它。我上過最乏味的課就是教師完全照本宣科，與其如此，我還不如回家自學。在我看來，一本好的教材必須既包含堅實的基本內容，但又留有足夠的空白未加以解釋，使教學不可能照本宣科。這又是一個矛盾的統一。

　　學生不可能從一本完美無缺、既提出所有正確問題又給出所有正確答案的書中，學會如何學習。只有包含著不連貫的、曖昧不清的書，才能讓我們投身其中，才能給學生學習空間，發展屬於自己的想法並彼此交流。找到書中的教學萌發點，不僅意味著找到我們可以從書中學到的，也意味著找到我們可以添加給書本的。

　　對我來說，《心靈的習慣》一書正因為其中素材的欠缺而顯得可貴。此書的作者從缺乏代表性的樣本資料中得到運用於廣泛範圍的結論。阿帕拉契山中這所小學校使我處於有利位置，讓我清楚知道書中的結論並不能代表生活在貧困中的多數美國人，與在阿帕拉契山中的貧困生活經歷更是風馬牛不相及。

　　為了實踐教學空間既開放又有界限的原則，我決定讓學生集中討論書中所描繪的自由，來為課堂學習界定範圍，又要求學生用自己的生活經歷來回答：「書中對自由的描繪是否準確？」用此問題來開拓學習空間（當然，提問法本身也體現了這一矛盾統一的原則：既圍繞著課堂的目的設定了範圍，又留給學生應對的空間）。

　　因為邀請學生參與對話，我正實踐著教學空間的第二個矛盾統一原則：學習空間必須是友善的，保持對所有學習者歡迎的態度。對所有學習者持歡迎的態度不僅要求我們尊重並關懷他們，更要求我們與他們有深層次的交流和對話。一個好的主人不應該僅是對客人有禮貌，他更要讓他的客人們感到賓至如歸，暢所欲言。

　　第二個矛盾統一原則要求教學空間既是友善的，又是有挑戰性的。在其中學生既感受到是受歡迎的，又感受到面對挑戰。在我的課上，我試圖用激勵學生思考「自由」此一概念來形成這種挑戰。因為我知道對他們當中許多人來說，自由是他們生活中的重大課題：他們中間的某些人正處於對家庭叛逆的時期，另一些人則認為大學在他們生活中設置過多限制。

　　所以，我為他們設立這樣的討論題目：你持有怎樣的自由觀？可以自由去做什麼或不做什麼？哪些自由觀是你不能贊同的？我相信這是一個熱門的議題，事實證明確實如此。這些議題吸引我的學生們在情感和理性上都積極投入，讓他們如此深入地沉浸在學習的空間之中，不可能不重新審視自己對這些問題的真實想法。

　　要實現有關教學的第三個矛盾統一原則，亦即，教學空間既尊重個人意見，又反映集體的聲音，我要求學生們用幾分鐘的時間安靜地思考一下我的問題。大部分學生對「安靜地思考」感到手足無措，我就讓他們把自己的想法筆記下來，使他們有事可做。為了讓他們集中注意力來思考這些問題，我提示說：「之後我會告訴你們

筆記有什麼用。」

　　因為學生不知道我會不會把他們的筆記收上來打分數（我從來不這樣做），或是要求他們在小組討論中使用這些筆記（這倒是我要做的），所以他們每個人都做了筆記，「以防萬一」。這可以當作是一個小而有力的證據，證明心靈受到挑戰時所產生的教育力量！

　　然後，我逐漸把個體的聲音引向集體的共鳴。在學生個別地思考這些問題之後，我讓他們自由地組成三人小組交流看法，為以後的大組討論做準備。小組討論讓每個人都有機會發表意見，也有安全感，並且讓他們簸揚他們的見解，使他們在大組討論時的發言更有見地。

　　在大組討論中能否體現既尊重個人意見、又形成集體共識的第三項原則，全在於教師是否具備激勵學生參加但又不專橫地控制討論的能力。一方面，教師必須邀請每個學生參與並尊重他們的看法。這並非如某些人所主張的，無論學生的看法如何荒誕不稽，教師都必須贊同每個人的看法。尊重學生的看法要求教師全神貫注於每個學生的意見，用問題幫助他們澄清自己的想法，當他們在抽象的思維過程中迷失時，幫助他們走出迷宮，以這種方式幫助每個學生找出他自己想法中的亮光。

　　在另一方面，這一矛盾統一的原則也要求教師抓住在課堂討論中浮現出來的團體思維模式。除非教師幫助他們，團體不會有自己的聲音，這就要求教師要小心地傾聽每個人的發言，並把討論中的所有線索都掌握在心中，編織起來，最後把所織成的網舉起來，問學生說：「這是不是你們剛才所說的呢？」當我問學生他對自由的觀念時，他們是以自我為中心的，但是當他們面對一個實際的兩難情境時，卻顯現出團體的道德感，我將這兩者形成對比，使學生們

建立起團體共識。

第四項矛盾統一原則要求我們既看重個人瑣碎的故事，又注意課程的重要課題。此一原則存在於我以上論及的一切教學活動中，這是一個不易掌握的原則，因為學術界排斥個人的小故事，而這些個人的小事卻正是學生們津津樂道的話題；但是也不能讓學生們無目的地暢所欲言，否則學生們很可能沉溺在小事上，而偏廢了對重要內容的學習。

儘管日常瑣事中所包含的真理也能指出重要命題中的謬誤（就如在阿帕拉契學校中我的學生的故事糾正了《心靈的習慣》一書中對自由的重要命題），作為教師，我們仍要以重要的命題來闡釋日常的瑣事，就如我用《心靈的習慣》一書中的結論，來指出那位學生不願為誤捕的事情起訴員警，顯露出他心中對團體的尊重與口中對自由的定義，其間存在的矛盾。

要體現這一原則的關鍵在於我們知道，儘管學生（其實我們也是如此）能講述他們生活中所經歷的瑣事，他們不一定知道這些瑣事背後的意義。如果教育從來不重視他們生活中的小事，他們又怎麼可能知道這些小事的意義呢？一個試圖在日常瑣事和重要命題的交會之處展開教學的教師，必須具備學生尚未具備的、見微知著的能力，並在課堂中表現出來，直至學生耳濡目染，也學會了這樣的能力。

第五個矛盾統一原則：教學空間應該既鼓勵獨立思考，又置學生於團體的學習資源之中。這一表述含有隱喻的意義，在一般的教學情境中，我們不可能讓課堂上的學生與班級隔離開來沉思默想。但是我們可以做的，是在形成群體共識的過程中，也不忘記學生的內心有靜思的需要。

譬如，當我告訴我的學生我是多麼看重與他們的對話時，我也

保證他們在其中有保持沉默的權利，只要我能感覺到，或者從他們的片言隻語中，證實他們內心確實參與了課堂的對話。這種對沉默的允許常常反而會讓一些不善言辭的學生加入對話：當我們有權選擇時，我們常常會選擇參與其中。

　　尊重學生的獨立思考還意味著在傾聽學生時，或用問題引導他們深入學習某個題目時，我們知道如何掌握分寸。我們內心都有一些敏感的區域不願外人造訪，至少不是在眾目睽睽之下。當我的學生講述他所經歷的逮捕事件時，我當時立刻知道我應該問的問題：「你為什麼不起訴他們？那樣的話你可以一夜致富。」我知道這個問題會引導我們進入討論尚未涉及的範疇──對自由與責任的關係。

　　可是這個問題卻暗藏機鋒，尤其在一個貧困的地區，人們可能會把問題的真正意思理解為：「你真傻呀！你錯失了發財的良機。」所以在我問這個問題前，我必須先問自己：「這個學生能處理這個問題嗎？我和他之間的關係是不是已經成熟到他不會被這個問題傷害？」對於保護學生靜思權利的一個寓意性的說法是：張開雙臂歡迎全部的真實，但拒絕讓真實傷及學生敏銳的內心。

　　第六項矛盾統一原則是營造一種空間，對沉默和發言同樣地歡迎。在我們討論的那堂課上，大部分的時間都是學生在發表意見，真正沉默的時間只有當我要求學生們針對我提出的問題思考，並寫下他們想法時，這是一段非常寶貴的插曲。但是，當一個觀點或問題被提出時，因為沒有人即時給出回應而致使討論突然中止，那一刻的沉默讓我最感興趣。

　　隨著時鐘一分一秒的滴答聲，這一份沉默變得越加沉重，我聲稱自己尊重沉默的宣言也越受考驗。和大多數人一樣，我也習慣性地認為沉默是大禍臨頭的先兆。我是領了工資來擔任課堂教學的領

袖，而且我身負源於職業道德的重大責任感，所以，一旦教室沉默下來，我就會覺得自己的能力和價值受到挑戰：我一定要說點什麼話來打破僵局才行。在驚慌失措中，我會倉促地得出結論，一定是我剛才提出的觀點和問題太過愚蠢、乏味，因此，我有責任馬上說些什麼使課堂氣氛能夠起死回生。

　　但是，有沒有可能是我的驚慌失措誤導我得到錯誤的結論呢？有沒有可能我的學生並不認為問題愚蠢乏味，他們只是更深地沉浸在自己的思考當中呢？假如我們的學生並不是因為無知和漠不關心而沉默，反是聰明地體認到這是一段「沉思默想」的時間，他們並不是在浪費時間，只是需要更多的時間來獨立思考，那麼把他們的沉默當作是災難的先兆，會讓我們錯失了這些可貴的機會。我倉促的反應更多是出自於我希望控制局面的需要，而不是出自於學生學習上的需要。

　　即使我以上對學生沉默的理解是一廂情願地過於樂觀，無可爭議的是，在我開口說話的那一刻，我終結了學生們獨立思考的所有機會。如果學生知道我每次都會習慣性地用自己的想法來打破教室中的沉默，他們有什麼理由要開始自己的思考呢？

　　以上我所描述我對這些矛盾統一原則的應用，很可能只是出於我的自我，而不是你的。但是，這些原則在課堂教學中的體現，卻不是我所教的學科或我的學生所獨有的。

　　我曾看到在高中的實驗課上，個人的意見與集體的共識這一矛盾是這樣解決的：學生依次用顯微鏡觀察，然後坐下來討論他們所看見的，以及他們的觀察心得。我也知道，如果中小學的數學教師希望帶領他們的學生來探索數學的奧祕時，他們的課堂必須表現出友善、歡迎的氣氛，尤其對女孩子和少數族裔學生，因為社會偏見認為這些人的數學能力先天不足，他們必須克服這樣的偏見來學習

數學。我也觀察過在大學的文學課上，教授如何維持大故事和小故事之間的張力，以學生生活中所遭遇的家庭衝突來幫助他們理解《李爾王》（*King Lear*）劇中的劇情。

矛盾統一（paradox）的原則不能作為我們解決教學問題的萬驗靈方。但是，如果它體現了你的自我，便可以為任何年級、任何課堂的教學指點迷津。

維持極端之間的張力

如何維持在矛盾的兩極之間的張力，引導學生進入深層次的學習，這是教師所必須面對也是最困難的任務。我們應該怎樣做呢？

假設你在課堂上提出了一個精心設計的問題，可是你等啊等，等到的依然是一片鴉雀無聲。你知道你應該再等等，不要急著打破沉默，但是這時你心跳加快，心往下沉，終於因為孤立無援而失去了耐心，於是你氣急敗壞地回答了自己所提出的問題。這使情況變得更糟糕，你眼看著沉默中所潛藏的學習機會在你面前消失，而教學更是越來越像跑步撞到牆一樣。

這種情景與我們剛才討論過的每一個矛盾統一原則都有關，並不只牽涉到沉默與發言這一組矛盾。它告訴我們一個簡單的真理，矛盾統一存在於教師的心中。我們不能兼顧矛盾中的雙方，往往不是因為缺乏好的教學方法，而是因為我們內心的缺口。如果我們想要運用矛盾的力量來教與學，我們必須重新教育我們的心。

特別要教導我們的心，在矛盾的兩極之間所感受的張力，以一種全新的方式來理解。在修馬克（E. F. Schumacher）的經典之作《小即是美》（*Small Is Beautiful*）一書中，我們可以找到有關這種理解的一些端倪。

　　窮我們一生，我們始終面對著一種難題，要兼顧在邏輯思維上無法妥協的兩個極端。在教育上，如何兼顧既要有紀律又要有自由的需求呢？事實上，許多教師和母親們一直都在這麼做，可惜沒有人記下他們的解決方法。他們能夠做到這一點，是因為他們在矛盾的情境中引入一個超越矛盾雙方的、更高層次的力量：愛的力量。當面臨分歧的問題時，我們強迫將自己提升到一個更高的層次，這些問題既要求更高層次的力量，且激發了它的供給，從而把真善美帶進了我們的生活。只有憑藉著這種由上而來的力量，現實生活中矛盾的兩端才可能和諧合一。

　　修馬克的這些話讓我們明白，矛盾的兩極之間的張力並不一定會把處於這壓力之下的我們撕裂。相反地，這樣的張力是要我們對自我之外的事物打開心門。這種張力確實不容易對付，有時甚至是有破壞性的；可是，如果我們願意在要完成的任務中與張力合作，而不是抗拒它，那麼它非但不會打擊我們，反而讓我們有更寬廣的心胸。

　　修馬克對這個觀點的闡述十分精闢，因為它符合我們日常生活的真實情況：每一位好教師或好家長都能在紀律和自由的矛盾之間遊刃有餘。我們希望我們的孩子和學生在他們的生活和思想中是自由的，但同時也知道在特定情境中對紀律的要求，才是幫助他們獲得真自由。

　　當然，我們的孩子和學生並不贊同這樣的看法！當我十三歲的兒子宣布他不再跟我上教堂時，當我們的學生交出的作業不按規定的題目完成時，我馬上就被拖入這樣的張力之中——沒有現成的公式能告訴我，這時是應該運用紀律呢？還是賦予他們自由？或者是

要雙管齊下？

　　可是，明智的教師和家長每天都在這危機四伏的地雷陣中游走，讓這矛盾的張力將他們引向更博大的愛。因著愛，他們可以為學生和孩子的最大利益而忽略自己所承受的壓力，為這些所羅門式的兩難問題找到解決的答案。

　　任何一個深奧的真理一定包含著矛盾，愛的真理也不例外。修馬克說，家長和教師靠著身體力行更高層次的愛，來解決分歧性的問題；但是他又說，這種更高層次的愛是為張力所激發，來自自我之外的。也就是說，要想平衡矛盾的兩極，我們自身的愛是必要的，但是單憑我們自身的愛是不夠的。當我們處於矛盾的張力之下時，我們只能憑藉著我們所能支取的愛盡量堅持，直至這張力把更高層次的愛激發出來。

　　在更高層次的愛到來之前的堅持，我們稱之為忍耐（suffering）。除非我們學會並接受在矛盾的兩極所產生的張力下如何忍耐，懂得不逃避這樣的忍耐，不苟且，而是熱切地迎接這一開闊我們心胸的良機，否則我們不可能學會如何在矛盾統一的原則下教學。

　　缺乏忍耐的話，痛苦一定會讓我們提早結束矛盾的衝突，因為我們沒有理由繼續承受這份痛苦。我們會在課堂的沉默中自問自答（從而造成了更大的沉默）；我們會粗暴地打斷與教學計畫不一致的意見（儘管我們聲稱我們歡迎不同意見）；我們會懲罰不按命題寫作的學生，逼他們就範（無論他們所寫的是多麼有獨創性）。

　　忍耐為我們的深層教學提供了可能，但是如果我們不願忍受，就不可能帶領學生進入深層學習。只有當我們忍受著矛盾的兩端所產生的壓力，我們才能開啟求知的大門，邀請學生與我們一起進入學習的殿堂。

怎樣才能做到這一點呢？這是一個無法回答的問題，因為這過程是在教師的心裡完成的。在矛盾的兩極之間維持張力是一個教師素質的問題，而不是方法的問題。不過，里爾克所說的可能對回答這個問題有點幫助。它不能教會我們怎樣才能迎接這種忍受，因為並沒有這樣的方法，但是，它至少給願意一試的人些許希望。

里爾克的這些話是從《給青年詩人的信》（*Letters to a Young Poet*）一書中摘錄出來的。書中里爾克以一個教師的身分說話，他收到一位初入門的學生寫給他一系列的信，信中對他敬重有加，卻又咄咄逼人。這學生推崇里爾克的著作，並向他請教應當如何效仿，里爾克不僅撥冗作答，而且在回信中表現出驚人的度量。

其中一封信裡，面對這年輕的詩人對年長的里爾克連珠炮般的發問，里爾克這樣回答：「對你心中的疑難要有耐心，要試著珍愛這些問題……不要急於尋求答案。因為即使有了答案，你也不可能身體力行。重點在於，要經歷生活中的一切，包括經歷問題，那樣你才有可能逐漸地、不露痕跡地沿著漫長的生活道路，走進問題的答案中。」

他的這些話可以輕而易舉地轉化為忠告，告訴那些在矛盾的兩極之間無法維持定力的教師：對你心中的疑問要有耐心，要試著珍愛這些問題不要急於尋求答案，因為即使給了你答案，你也無法實踐。重點在於，要去經歷教室中的一切，包括經歷極端與衝突，可能你會逐漸地、不露痕跡地沿著漫長的教學軌跡，走進對矛盾統一的理解之中。

里爾克給我的希望在於他所說的「漫長的軌跡」。我期待著有一天，我有足夠的經歷，使我在矛盾統一的壓力下持有定力，我會比今天的我所做的更為成熟。他所說的是對的，因為教學經歷的積累，我現在對矛盾統一原則的理解和運用已比幾年前成熟得多。

　　但是，我更深的期盼卻來自里爾克所說的「經歷一切」，這真是至理名言。如果我不充分地經歷我生活中所遭遇的充滿壓力的情況，這些壓力並不會自行消失，它們只不過是被掩蓋了，但仍在暗中繁衍生長。我可能一時不知道這些問題的解答，但是把這壓力包含在我的生活中，並試著在經歷它們的過程中，自然而然地悟出它們的答案來，我由此為自己提供了新的可能性，並且不會讓壓力把我打垮。

　　如果不願意「經歷一切」，我們所能有的另一個選擇就是「逃避一切」，拒絕承認教學帶給我們的壓力。那樣的話，我只能戴著假面具在職業生涯中生活，表面裝作無憂無慮，卻讓內在的心理壓力吞噬我內心的生活。

　　偽裝是另一種形式的分隔，使我們不能培養出優質教育必須有的與人連結的能力。當我們偽裝時，我們就與自我、他人和我們周圍的世界分隔了，我們就失去了與優質的教學的根源及其碩果和諧相處的能力。但是，如果我們學會了「經歷一切」，我們就能失而復得。

　　我將以斯格特‧麥斯威爾（Florida Scott-Maxwell）的話來結束這一章。當她走到自己漫長而富有意義的生命盡頭時，她令人信服地告訴我們：「一些我們不能理解的法則把我們緊逼到矛盾的焦點上，在那裡我們沒有選擇，在那裡我們不喜歡我們所愛的，在那裡好與壞不可分割地混為一體，在那裡傷心欲絕或欣喜若狂的我們唯一能做的，只是盲目地把矛盾吞嚥下去。過去我們稱之為交在上帝手中。有人還能有更好的說法嗎？」✤

第 四 章

在群體中求知

為偉大事物的魅力所召喚

Knowing in Community
Joined by the Grace of Great Things

◇　　◇　　◇

無論你是誰，無論你多麼孤單，

世界自己敞開任你想像，

如同召喚野雁一樣呼喚你，急切而激動——

一次次地宣告

你在世界萬物中的地位。

——選自 Mary Oliver，〈野天鵝〉（Wild Geese）

群體的意象

　　在前三章裡，我們瀏覽了教師和學生的內心世界，探討讓我們與我們的學生、與我們所教的課程，甚至與我們自己分隔的某些內部力量；我們也探討了一些能幫助我們跨越這些內心裂痕的實踐，包括重新認識自我，克服懼怕感，以及透過矛盾（paradox）將世界視為一個整體。

　　在這一章及之後的兩章中，我們將把注意力轉向群體（community）——教學活動中必須有群體，才能啟動群體間的連結能力，而連結是真實的教學活動之核心所在。當我們從老師的內心世界轉向討論教育群體時，我們似乎改變了話題，但實際上並沒有。前三章是關於如何培養群體賴以成長的內心世界，後三章是關於如何從人們的內心世界發展到教室中或教室外的群體。

　　群體不可能從分裂的生命中產生。早在群體形成可見的外在形態之前，它的種子就已植根在合一的生命中了。只有與自我和諧，我們才有可能與他人和諧。群體是內在不可見的優美和雅致的外在表現，是內心完整的自我在外部關係中的自然流露，是我在前一章中一再強調的連結能力。

　　在這一章和以下的兩章中，我要針對一個關鍵問題來討論幾個教學群體的模式，這個問題是：這些模式是不是有利於教育使命的完成？我對這個問題的探討是依循著這些年來一直困擾我的一個對教育的新意象，而這個鮮為人提及的群體的概念，是這個意象的核心所在：**教學是創造一個供群體實踐真理的空間。**

　　要掃清通向求真群體（community of truth）的路徑，我們必須先剷除雜草。出於分隔（disconnection）所帶來的痛楚及不願被遺

棄的願望，形形色色的群體和各式各樣的群體模式在我們社會中如野草般地蔓延。我將簡略地介紹我們現在經常探討的三個主要模式：心理治療型（therapeutic）、公民型（civic）和市場型（marketing）的群體模式，從而了解教育所需要的是怎樣的群體。

心理治療型的模式是我們論及**群體**時最常用到的，此一模式把人與人之間親密無間的關係視為人際關係的最高形式，因為親密無間是治療因分隔而產生的痛楚的最好手段。一個親密無間的關係不僅要求與人相連結的內在能力，它更要求人們能懷著人與人之間可以充分互相了解、互相信任以致完全地互相接受的信念，公開地分享最深層次的感受。在最佳狀態下，一個心理治療型的群體常以某種形式的愛作為其表徵：配偶或愛人、父親和孩子，或好朋友之間的友誼。

心理治療型的群體能在教育中據一席之地，主要是因為任何一個沒有愛的群體都是病態的：一個絲毫不愛學習和學習者的學校，不可能是一個健康的學習場所。我知道有一所大學的校訓是：「攜友同行追逐真理」，這所學校的創立者清楚地知道，必須靠著團隊成員之間的志同道合，才能完成追求真理的艱難過程。

但是，心理治療型群體在教育中常見的運用往往不似此一校訓這樣的深刻和貼切。相反地，我們常常因為假設人與人之間的親密關係是在人際關係中最好的、最重要的東西，而危及了教與學的可能。有時，這一假設太過強烈和堅持，會成為社會祕密社團中所用的口號：「不分享毋寧死！」（share or die!）

我們當然不能期待所有的人之間都形成親密無間的關係，正如我們在人類歷史上許多公社化運動中所見到的，當我們試圖這樣做的時候，反而只會使人分離。但是，心理治療型模式在教育中的運用還有更深遠的影響：如果我們之間的所有關係都用親密無間的程

度來衡量的話，世界將縮小成一個消逝而去的點。

　　我們大多數人畢其一生只可能與少數幾個人形成親密無間的關係。如果成為群體的一員意味著必須與群體的其他成員建立這樣的關係，大部分的他人和「非我」（otherness）就不再是我們所能觸及的了。當親密無間成為人際關係的標準時，我們就失去了和陌生的人和萬物發生聯繫的能力，而這些陌生人和萬物正是教育的核心所在。我們也失去能力去欣賞與我們不同的人和想法。因為我們對「非我」的懼怕，心理治療型模式把群體縮減成僅包含我們所熟悉的、友善的人和事物。

　　作為美國社會中產階級的一員，我可能不會和窮人有親密無間的關係，也不太可能經歷他們的貧困；但是對於他們的貧窮和困境，我感到有責任，這對我來說是至關重要的。我也不太可能和生活在亞馬遜流域的人們以及他們被掠奪的原始雨林發展親密無間的關係；但是理解他們和他們的生存環境，理解其互相依存的關係，這對我而言也是至關重要的。作為一個科學的業餘愛好者，我不太可能和提出量子力學那些古怪概念的科學家們成為親密無間的朋友；但是理解他們如何重新定義我們活在其中的思想世界，這對我來說也是至關重要的。

　　當我們排斥不能與我們有親密無間關係的人和事物時，我們的生活就趨向死寂。我們需要一個比親密無間更為包容的標準，來確認即便我們與他人、與自然、與思想的關係不是如此緊密，它們仍是有意義的。當心理治療型的群體成為教育中的常態時，教與學就被削弱了。

　　公民型的群體模式是對治療型模式的一個重要改進。在這裡，群體的常態不是狹隘的親密無間的一幫人，而是有著不同性質、不同層次關係的陌生人所形成的一個健康群體。公民型模式視群體為

公開的相互關係（public mutuality），而不是個人的易受傷害性（personal vulnerability）。在公民型群體中，即使人們之間沒有親密無間的關係，他們也能共用共同的疆界和資源來解決相互間的衝突和共同的問題。在一個公民型的群體中，我們可能不了解別人心中所想的，但我們明白一個道理：如果我們不抱成一團，我們將形單影隻。

心理治療型群體是一個現代的概念，是心理學時代所產生的人造產品。但是公民型群體源遠流長，從柏拉圖以來，學術界就被營造成一個公民社會的微縮景觀，公民社會的民主習慣在其中被陶冶培養。如同班傑明・巴伯（Benjamin Barber）所描寫的：「這一觀點不但認為大學有公民性的使命（civic mission），而且認為大學本身就是公民性的使命，大學就是公民性本身。大學是由一些約定俗成的規則所定義，憑藉這些規則，產生知識所必需的交流和對話才能在一個群體中展開……我在這裡要說的，不只是民主和教育是並行不悖的活動，或公民性的訓練與知識產生與判斷過程是並行不悖的結構，我要說的是，它們根本就是一體的。」

公民型群體具備對教學至關重要的特性。當我在我們這個被種族和性別分割得四分五裂的社會中，看到高中和大學學生同心協力完成一件任務，而且不顧媒體「政治正確性」的鼓噪而完成得十分漂亮，那種情景往往令我十分感動。這在學校之外是不常見的。當我們試圖把支離破碎的公民型社會重新縫合在一起時，教育機構是我們最重要的織補機。

不過，公民型模式依然包含對教育使命的潛在威脅。在一個公民社會裡，我們通過民主政治的傳統機制折衝樽俎，妥協斡旋，來彌合我們之間的不同。在一個公民社會的舞台上，這些都是正大光明的手段，因為我們的目的是為最多的成員達成最大的利益。但是

將追求公共利益時所用的正大光明手段用於追求真理，可能就不那麼正當，因為真理不能透過民主的方式來達成。

在一個民主社會中，一旦選票數點完畢，我們都同意獲得最高票的人或事就是我們的領袖或是社會的法律。並且我們也同意，在意識清楚的前提下，我們將跟隨領袖，服從法律。但是在追求真理時，我們未曾達成這樣的共識，而且我們也不應該達成這樣的共識，因為「多數即真理」根本就不是真理。用數點選票來決定真理一定會錯失真理：如果哥白尼和伽利略服從多數的話，今天我們還以為太陽是繞著地球轉動！除了承襲公民型模式對教學所帶來的益處之外，教育中的群體必須尋求更基本的模式。

在「品質控制」的旗號下，市場模式正席捲美國今日的教育。儘管市場模式的原理和目標與我們已經討論過的模式都不盡相似，它卻以一種奇特的方式綜合了治療型模式的人本主義和公民型模式的實用主義。

市場模式的準則是直截了當的：教育機構必須提高它的產品品質，以加強它與顧客的關係，並對顧客負責。學生和家長既然為教育的買方，他們就應該有充分的機會對所購買的教育提出批評。他們對教育的批評必須傳遞給「產品」的生產者，以利於生產者改進教學，讓更多顧客滿意。

作為教育者，如果你認為「顧客」和「產品」這樣的說法聽來刺耳，以下這個故事可能就是為你而說的。一所公立大學的新任教務長談到如何讓那些搭乘交通車到城區部上學的學生建立對學校的認同感。我問他說：「如果你可以掄動一根心想事成的魔棍，為了強化學生對學校的向心力，什麼是你要做的第一件事？」我期待他會談新生訓練、學生宿舍或心理諮詢這方面的主題。

他說：「我要找到一些有效的方法，來了解學生對所修課程的

想法，然後我會用這些資訊來改進一些評價不佳的老師的教學。如果這些老師不願意或不能有所改進的話，我可能會要他們另謀高就。」

　　這位教務長對教育群體的概念，可能缺乏心理治療型模式中的心理深度或公民型模式中的政治素養，但是仍有許多值得稱道之處。當社會的商業活動在某種程度上被市場的反應所規劃時，高等教育卻高高在上，遠離它的顧客。學術界認為，學生和家長自以為是教育的買方，實在是犯了犯上不敬之罪：除了我們的同事，沒有人有資格論斷我們的工作，甚至連我們的同事我們也不完全會信服。

　　面對這樣的傲慢，如果這位教務長真能舞動魔棍，創造出一個評量系統，能辨識各種微妙、精細、多元的優質教學，他對群體的理解可能可以讓高等教育謙卑下來。但是，這一市場模式對教學的潛在威脅也是顯而易見的。

　　首先，這位教務長所需要的評量系統現在還不存在，我們所見到的常常是劣質替代品。我們還沒有評量教學的可靠方式，除非我們相信千變萬化的優質教學都可以用一個問卷來測量。

　　第二，好的教學一定是過程大於結果。如果一個學生在教學過程結束時，除了一堆資訊以外一無所獲，這個學生就是被愚弄了。好的教育能教會學生成為知識的創造者，成為對他人知識有辨別力的消費者。

　　第三，優質的教學很可能讓一些學生至少在一段時間內極不滿意。這裡我指的不是因為老師的不善言辭、不連貫、不一致，或缺少能力而造成的不滿意。但是在好老師教育下的學生，可能因為自己的偏見受到挑戰或他們的自我受到震撼而憤怒。但這種類型的不滿意常常正是教育發生效果的現象。

可能要很多年以後，學生才會為老師曾教給他的、令他不舒服的真實而心存感激。一個認為「顧客永遠正確」的市場型模式教育群體，無論如何強調對顧客負責的信條，並不能真正為顧客服務。

共有的真理

心理治療型、公民型和市場型的教育群體都包含了教育所需要的真知灼見。但支持完全教育的全面性教育模式卻並不在其中。在這章接下來的部分，我將提出一個不同的模式，而在其後的兩章中，我也將討論這一模式在教學法上的運用。

我們所尋求的教育群體的模式是一個要能鼓勵、指導和深化認知和教學過程之教學使命──教學的最高境界是創造能實踐真理共有性的一個空間。我們將看到我所要建議的模式與此境界相連結之種種跡象。

這一真理共有性的特性不只是心理上的親密無間、公共關係的政治素質和實用主義的對顧客負責，儘管它並未將這些排斥在外。這一模式深入到我們的本體論、認識論，且涉及了與一切教育活動相關之現實本質，和我們對它的認識。這一真理共有性的特徵宣稱**現實是一張共有關係的網，而認識現實的前提，即是我們成為這共有關係的網上之一點。**

這是一個深遠的命題，但卻可以用一個小故事來解釋，我在一所著名的研究型大學演講有關教學群體的題目。當我講演時，我不時地為坐在前排的一位全神貫注地聽講的一位高個子聽眾所吸引。他是一位器宇軒昂、年近七旬的老紳士，穿著無可挑剔，有著一頭銀髮。

當我們開始討論時，他馬上舉手發言，並如此介紹自己：「我

是史密斯博士，已退休的生物系某某榮譽銜之傑出教授。」

意識到學術界的猛烈攻擊常常以偽裝的禮貌為前導，又注意到他的自我介紹簡潔且自負，我馬上得出結論：他會與我共進午餐。不過我不是他的佳賓，而是他的開胃小菜。

他繼續說：「我不知道所有這些關於高等教育中群體的討論是不是小題大做了。歸根結柢，一切都可以用現代生物學來解釋。」

然後，他坐下了。

過了幾秒鐘，我才意識到他並非反駁我，而是回應我的說法，儘管是透過學術界慣用之迂迴曲折的方式。一旦我理解了這點，他和我之間便開始一段雋智而熱烈的對話。

二、三世代前的生物學家們不會認為群體是一個有用的生物學概念。相反地，早期的生物學家會嘲笑我對於群體的描述是一些異想天開的妄想，因為它違背了生物學中一條最基本的原理：生命是一場無止息之個體間的爭鬥，是生死搏鬥、一決輸贏的場所。借用早期生物學家坦尼森（Tennyson）的名言：自然界是「血淋淋的」。對於持自然進化論觀點的社會達爾文主義來說，人與人的關係只不過是在文明的掩飾下適者生存的爭鬥。

但今天我們對生物界現實的看法已完全改觀了。生態學的研究描述的生物界現實不再留心於爭鬥的殘酷性，取而代之，是更重視生物體之間存在的似一張巨網般的和諧共用與互動。爭鬥和死亡並沒有在自然界中消失，但是死亡現在被認為是維持群體持續生存的因素，而不是個體生命的失敗。

在過去五十年間，這個對現實觀點之轉變——從分裂的競爭關係轉變為共有合作的關係，幾乎反映在學術界的所有學科之中。物理學提供了另一個有說服力的例子；之所以有說服力不僅是因為物理學是令人肅然起敬的「硬科學」，更是因為物理學家是持最基本

的水準來分析我們和我們所居住之世界的大師。

　　從學科形成起，物理學就與原子論的觀點緊密相連。分子的概念可以溯源至前蘇格拉底的時代。然後，在近代物理學中又由於物理學家所具備之把客觀存在分解為組成物質的基本粒子的預言能力，抑或是政治的能力，進而大放異彩。當這種簡約法的科學方法與現代社會中人際關係的疏遠相映成趣時，「原子論」就成為在我們時代文化中，占有主導地位的一種借喻：整體性只是對我們和我們生活於其中的社會之一種假相，在這假相下有的只是現實的分崩離析。

　　但是現代物理學對現實的描述，卻反使「原子論」顯得可笑。在一系列經典的試驗中，物理學家揭示了次原子粒子的活動，並顯示出它們之間存在著某種交流，即使「在時間上，它們之間的距離不可能產生這種交流」。這些在時間和空間上互相分離的粒子似乎是互相連結的，以致它們的活動不似被隔離的個體，而更像是在一個互相依賴、互相作用的群體中的成員。

　　用「共有性」或「群體」來比喻物理學家從這些試驗中所揭示的世界，是恰如其分的。保羅・戴維斯（Paul Davies）說，這些比喻「表明了對一個系統中令人驚奇的關係之綜合觀點，這些現在遙遙相對的系統以前也曾相互作用」。亨利・史戴普（Henry Stapp）更直截了當說道：「基本粒子並非獨立的、不可分析的獨立存在；本質上，它們是影響其他事物的一組關係。」

　　當物理學家不僅描述，且進而解釋為什麼這些粒子的運動並非自主的，而是有所聯繫時，「共有性」或「群體」的比喻就更確切了。大衛・波姆（David Bohm）認為物理的現實，如同人類的基因圖表，是一幅不可見的資訊網，一個由密碼寫成且具有不可想像複雜性的共同體，是「一個完整的基本的內在規律以其信息揭示著特

定的場和粒子外在的規律。全息攝影（holographic photograph）可能是一個類比：每一部分都反映了被攝影之物體的三維影像之資訊。即使把全息攝影切割成碎片，你仍可以用鐳射照射，從任何碎片中還原出整體的影像」。

現代科學的權威詮釋者伊恩・巴伯（Ian Barbour）為我們描述了人類對現實的概念是如何進化到視物理世界的特徵為共同體的軌跡。於中世紀時，我們把現實看作是精神和物質的實體，在牛頓時代，我們對將現實的概念原子化，「將分離的粒子而不是物質本身，視為現實的基本性質。」

但在我們的時代，「自然被理解為理性化、生態化，並且互相依存的。現實是由事件與事件之間的關係所組織而成，而非分離的物質或分離的粒子所構成。」依據巴伯的理論，我們勢必視自然為互相依存的事件之歷史性的共同體。

理解真理的共有性之第一步是：理解共有性是現實存在的本質，是一切所在的發源地。從現實的本質出發，我們的下一個問題是如何認識這個現實：**我們認識現實的唯一途徑是使自己成為共有性或群體的一部分。**

現代物理學已經摒棄了求知者和求知對象可以分離、甚至是必須相分割的陳舊觀念。物理學家如果不能使次原子粒子處於「被認知」的狀態下，將無法研究它們。如此，我們便無法在研究者所在的「此岸」和被研究世界的「彼岸」間持有一客觀性的界限。認知者和被認知物是一體的，而且任何關於自然界的認知都反映著認知者的本質。

在客觀世界中，認知者和被認知對象之共生似乎是顯而易見的——尤其是在我們不再受所謂「真實的」科學要求二者相隔離的迷思之束縛後。一個人怎麼可能在了解社會、心理或歷史事物的過程

中，不在被了解的事物上留下自己的痕跡呢？一個文學批評者怎麼可能在展現一部小說中所描寫的情節時，不留下自己經歷的腳印呢？

這一常被誤解、透過與認識對象相聯繫而學習的關鍵特徵，讓我們把所具有的連結能力變成我們的力量所在。作為一個認識主體，我們不必再為自己內心渴望與認識對象相連結而心存遺憾——我們也不需要「克服」自己承擔分離主客體之「責任」。

現在我們可以為人類的美善而慶祝，我們可以毫不誇張地說，我們是宇宙共同體的一員。在可及的宇宙極端，宇宙航員們已經發現了產生組成你、我身體的原子的原生源。如果我們不與我們所處的宇宙合為一體，如果我們只想充當一個旁觀者，而不是參與者，我們就沒有能力認識宇宙。

在其代表作《個人知識》（*Personal Knowledge*）一書中，化學家馬可・波蘭依（Michael Polanyi）說明了科學的存在，在於將我們從世界中所獲得之緘默的、不可言喻的「整體知識」（bodily knowledge）演繹為明確的、清楚表述的知識。

沒有這緘默的知識，科學家便無從得知何處他們能獲得開啟知識的問題、言之成理的假設、富有創見的頓悟，和尋求真理的方向。我們在求知過程中的線索來自我們與世界的連結，來自我們身體與世上過去、現在和將來由同樣的原子所構成事物的深邃關係。

理查・吉爾維克（Richard Gelwick）在詮釋波蘭依思想時指出，我們常常會理所當然地接受科學客觀主義的主張，以至於波蘭依關於個體成分在求知過程中的作用之觀點經常被曲解了，甚至於他的追隨者都無法避免：

　　　　在多次公眾演說時，我聽到波蘭依糾正那些挺身支持

他的人。那些支持者說，他們同意波闌依關於所有知識都含有個體成分的觀點。接著他們會說，這種個體成分是知識的大忌，<u>亟</u>需被減至最低。於是波闌依解釋，這種個體成分不是要被減至最低，而是要視理解為知識不可或缺之成分。因為它，我們有所發現、有所發明。知識的個體成分不是造成人類認知不完美的遺憾，相反地，它是人類一切文化、文明和進步得以產出與發展的基石。

　　真理與求知者的共存性所描繪之求知過程涵蓋了兩個概念：萬物共存於一張互相依存的網，以及我們的認知得益於、而非羈絆於我們是這張網的一部分。對認知的此種描繪不僅讓我們看到我們與他人間顯而易見之人際關係、看到我們與他人間發展之親密關係、禮儀和相互依賴之可能性，也讓我們看到我們與非人類事物之間的連接。這樣共存寬容的模式讓我們可能實現教育的求知和教學的使命。

再論真理

　　真理在現今的教育圈中不常被提及，這說明在先前更純樸的時代，我們對於我們能找到真理似乎更有自信。但現在我們不相信我們能找到真理，所以我們不再使用這個詞，以免自取其辱。

　　當然，不再使用這個字並非意味我們不再擁有這個概念，更不意味我們放棄它所指向的種種可能。相反地，我們越不談論真理，越表明我們的求知和教學正被一個傳統、神祕的真理模式所統治。真理客觀性的模式已深深地植入了我們集體之無意識層面，要摒棄它反而會讓它更具有力量。

　　前一節所述真理的共存模式，可以說是對於我們潛意識中之神祕客觀主義模式的一個替代品。為了清楚地闡述我對教育群體的理念，讓我把客觀主義的迷思用圖像表達出來（見圖 4.1）。

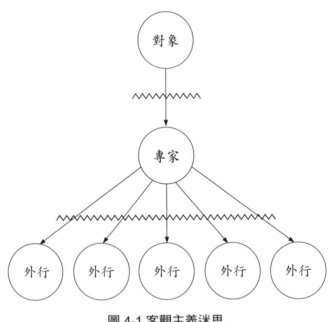

圖 4-1 客觀主義迷思

　　這一長期誤導人們尋求知識和傳授知識的模式，包含四個主要成分：

1. **對象（Objects）**：獨立存在於原生態的物質或概念空間中的已知客體，在某特定領域中，表現為「事實」。

2. **專家（Experts）**：受過專門訓練、認識這些客體又不讓自己的主觀玷污了客體純粹性之專門人士。這種訓練通常在一個不食人間煙火被稱為「研究所」的機構中完成。訓練的目

的在於完全除去自我的意識，使他們成為俗世間的僧侶，成
為純粹客觀知識之安全的承受者。

3. **外行（Amateurs）**：沒有受過訓練、充滿偏見的芸芸眾生。
他們依賴專家才能獲得對原生態客體之純粹而又客觀的知
識。

4. **隔離層（Baffles）**：在傳播過程中每一個階段存在的隔離層
——存在於客體與專家間，又存在於專家與外行間。其功能
是僅允許客觀的知識自上而下地流動，而不允許主觀性溯流
而上。

這隔離層的意象源自於我偶然聽到的一段精彩議論：「我們似
乎並不在乎我們的文明江河日下，只要它不回流就行。」為了捍衛
知識的純粹性而走火入魔的客觀主義，會不惜任何代價以防止主觀
主義氾濫。即使文明為之退化，以至於我們的知識不能解釋我們所
處世界的複雜與豐富，也在所不惜。

在客觀主義的迷思中，真理是自上而下的，是從有資格了解真
理的專家（其中還包括一些宣稱真理只是幻覺的專家們）流到只配
接受知識的芸芸眾生。在這一迷思中，真理只是關於認知對象的一
系列命題；教育只是傳授學生這些命題的系統；而一個受過教育的
人，即是一個能記憶且能背誦專家所傳授的命題之人。這是一個等
級森嚴、線性及有潔癖的意象，真理好像是在最後從無菌的傳送帶
上送來的純淨產品。

但這一迷思有兩個問題：第一，它錯誤地描繪了認知過程；第
二，它深深地破壞了我們的教育方式。我知道在成千上萬的教室
裡，老師、學生和課程的關係正如這一模式所描述的。但是我也知
道，沒有一門學科（不管是天文學、文學、政治學或神學）人們持

續不斷的求知過程與這一客觀主義的荒謬模式有絲毫共同之處。

但是,在一個求真的群體[1]中所發生的認知過程是截然不同的
(見圖 4-2)。在求真的群體中,如同在真實的生活中一樣,並不
存在原始、樸素的認知對象和絕對權威。在求真的群體中,如同在
真實的生活中一樣,真理主要不存在於命題的形式中,且教育也不
僅僅是將相關於認知對象的命題傳授給被動的聽眾們。在求真的群
體中,學習和求知不像通用汽車公司(GM)的一貫作業,而是更
像一次市鎮上的聚會;不像是一個官僚機構,而更像是一個喧鬧的

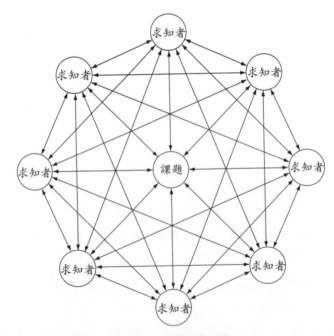

圖 4-2 求真的群體

---

1. 譯注:作者用"community of truth"表達三重意義。第一,在認知的空間
   中,認識的主體和客體共存。第二,包括老師和學生的群體共同參加求知
   的過程。第三,這一求真的過程是動態的、無休止的。

市集。

　　實際上，一個求真的群體是由許多個在時空上分離的恆久變動之小群體所構成。我之所以用一個單數的名詞命名它，是因為在任一特定的領域中，這些小群體都有其共同所有的課題，且它們在探討此共同課題時因為遵守著共同的觀察和詮釋的方法因而聚集在一起。因此，二十世紀的美國生物學家和十八世紀瑞典的林奈（Linnaeus）及其同事，儘管在理論和方法上有極大的不同，卻是處在同一個追求真理的群體中。這樣的定義賦予這一群體以無遠弗屆的時空持續性，使它成為我們最有力的社會型態。

　　在這求真群體的中心，總是有一個課題（subject）存在——它和客觀主義認知模式階層中最上層的認知對象形成強烈對比。這一對比對於認知和教學都十分重要：**一個課題包含著發展關係的可能性，但一個客體卻不具備這樣的可能**。當我們知道我們所面對的是一個課題，我們就不會試圖與它保持距離，我們會通過且與之連結，進而去了解它，就如芭芭拉・麥克林托克與她研究的玉米植株所發展的關係一樣。

　　這一關係始於我們讓這一課題占據我們注意的中心，就像在圖4-2 中所表述的。這與客觀主義的認知模式又是鮮明的對照。在那裡，認知的對象是那樣遙不可及，以至於專家成了我們唯一能發展關係的對象。

　　當我們把課題放在注意的中心時，我們把過去供奉給專家的尊重和權威賦予這一課題。我們讓它有本體論的重要性，如芭芭拉・麥克林托克給予她所關注的玉米那樣，承認研究對象獨特的本性和完整。在一個求真的群體空間中，把我們連結在一起的關鍵就是課題——不再是親密無間、不再是優雅禮貌、不再是相互間的利害關係、不再是專家們，而只是活生生的課題所具有的力量。

當我們試圖理解這一課題時，我們啟動了一個複雜的交流模式——我們分享我們的觀察以及對觀察結果的詮釋，我們相互糾正或補充，我們因為彼此之間的共識而重新連接。求真的群體空間不再是線性的、死板的、階級性的；它是周而復始的、互動的，和充滿活力的。

在這一求真群體空間的最佳狀態下，知識是通過衝突（conflict）而非競爭（competition）而發展。競爭是一場為了一己的得益而參與的爾虞我詐零和遊戲（zero-sum game）。衝突是公開的，儘管有時十分喧鬧，但卻永遠是共有的，是一個讓每個參與者透過學習和成長都能有所裨益的公眾交往的過程。競爭是群體的對立面，是腐蝕所有關係的強酸；而衝突則是我們公開地檢視我們的想法、在個人成長的同時也形成對世界更好的理解，是一個共同協力的動態過程。

這一所有成員共享的動態過程，是在觀察和詮釋觀察結果的共同規則的轄制下進行，如此則把學科的焦點和規則帶入我們的對話與交流，而形成一個群體。要成為一個追求真理的群體，我們必須遵守它的準則和程式。這些準則和程式因學科而異：藝術史不同於化學，化學又不同於哲學。這些標準雖然穩固，但卻非一成不變，它們隨著我們對課題理解的深化而發展變化，我們可以對它們提出挑戰，並要求修改它們。但是如果我們決定這樣做的話，我們必須公開地、有信服力地為我們要做的修正辯護。

現在，我們對求知過程的探討中一直隱而未現之對真理的定義終於真相大白了：**真理是對重大事件的充滿熱情、有規則之永恆對話**。

與客觀主義不同，我不把真理視為存在於我們對認識對象所達成的結論之中。真理怎麼可能存在於恆久變化的結論中呢？我把真

理視為充滿熱情的、有規則的求知過程，理解為追求真理的群體不斷地考驗已有的結論，並產生新結論的動態對話。

為了能夠加入對話，我們必須知道已有的結論。但讓我們能把握真理的，並不是關於這些結論的知識，而是對於對話過程的執著，以及我們願意把自己對事物的觀察和詮釋置於眾目睽睽之下、接受檢驗，並檢驗他人的觀察和詮釋。為了把握真理，我們必須學會如何既有熱情，又有理智地圍繞著一個既定的課題觀察、反思、表達，並能夠傾聽。

如果真理是一個持續改變其形式與結論的對話過程，那我們將所謂的「客觀真理」置於何地呢？除了糾正客觀主義的迷思外，我不認為我們對真理的理解絲毫改變了客觀性的本質。

在我看來，我們持有的唯一「客觀」知識，是來自一個遵循共同接受的程式和規則就一個課題觀察並辯論的群體。從科學到宗教，沒有一個我所知道的領域其間所謂的客觀知識不是來自長久、複雜、至今仍進行中的對話過程；沒有一個領域，其相關事實是以完善發展後之形式從天而降。

我們知識最堅實的基礎是求真的群體本身。這一群體不可能為我們提供最終的事實——並非因為它的過程之不完善，而是因為這事實超出我們有限的心靈所能理解的。但是，只要我們願意把我們的假設、觀察和結論（換言之，就是把我們自己）交付給它來審視，這一群體能救我們脫離無知、偏見和自欺。

摒棄客觀主義的模式，並不意味我認同了相對主義。相對主義把真理簡化為群體所能理解的部分，卻不顧及群體在求真與分享真理時，包含超出群體經驗的部分。這使我們既高於絕對主義，又高於相對主義。我們可以從羅伯特・弗洛斯特（Robert Frost）的詩中，找到對這一超越經驗的認知部分清晰又合宜的描述：「我們心

存疑惑，繞著圓圈跳舞，但大奧祕坐在圓心裡，無所不知。」

弗洛斯特把超出我們經驗的奧祕推崇為求真群體的核心。無論是宣稱我們終將了解全部真理的絕對主義，或是宣稱我們的認識完全沒有客觀現實基礎的相對主義，對這一處於核心的奧祕都不甚認識。課題本身所包含的真實一定超越我們所能了解的，同時又保有它的奧祕，以逃避被我們全然知曉。

如果不是這樣的話，求真的過程一定早就結束了。為什麼我們沒有在前蘇格拉底時代之物質世界的自然觀和中世紀早期之現代科學觀時，就止步不前呢？為什麼我們至今仍孜孜不倦地繼續研究已有的知識或觀點呢？因為在我們注意的中心是不斷地召喚我們去了解其奧祕的課題，而這課題拒絕將本身簡約為我們已達成的結論。

說課題召喚我們不只是一個譬喻。在求真的群體中，求知者不是唯一主動的活動主體，因為課題本身也參與了求真的對話。如瑪麗 • 奧列弗（Mary Oliver）所說：「世界自己敞開任你想像，如同召喚野雁一樣⋯⋯宣告你在世界萬物中的地位。」

我們常說，求知始於對某一課題的興趣，殊不知興趣來自課題對我們的召喚：地質學家是那些能聽見石頭說話之人；歷史學家是能聽到逝去已久者說話之人；作家是能領略語言美妙音韻之人。世界萬物呼喚我們，而我們為它們所吸引——每個人都為不同的事物所吸引，正如我們為不同的朋友所吸引一樣。

每當我們回應了這召喚，課題就把我們從自我中喚出，且融入了課題的自我。最深邃的求知要求我們在課題內部找到一個立足點——或是歷史上的某一時刻，或是藝術作品中的某人物，或是岩石，或是玉米穗。如某位科學研究者所說：「如果你想要了解腫瘤，你必須**變成**腫瘤。」

置身於度外，我們將不可能真正了解我們所要了解的課題。我

們必須相信課題有其內在的生命，並對其感同身受。但是，如果我們不相信我們自己的內在生命，或是不培養我們的內在生命，對課題感同身受的移情作用就不可能發生。否認或詆毀求知者的內在生命，如客觀主義者所主張那樣，我們就不可能對求知對象有直覺的了解，更不用奢求棲居於求知對象之中了。

芭芭拉‧麥克林托克所從事的科學研究，要求研究者測度自己的奧祕以了解世界。如同她的一位同事形容她時所言：「她是知道奧祕所在的人，而不是奧祕的所在。」

當我們聚集形成一個求真的群體時，其實並不是我們在互相指正錯誤、互相糾正觀察的錯誤，或互相修正對觀察的詮釋，而是課題在糾正我們，是課題拒絕接受我們自以為是地把它簡約地命名為「非我」的一部分。

隨著我們對課題領悟的加深，它終於接受了我們對它的命名，於是我們就以為我們已經認識它了。但是課題所包含的超經驗部分，隨時準備再次喚醒我們的驚奇，再次召喚我們一起開始新一輪的觀察、詮釋和命名，探索我們永遠不可能完全了解的奧祕。

對真理的超經驗部分持開放態度，是追求真理的群體與絕對主義或相對主義的分水嶺。在這一群體中，求真與分享真理的過程既非專制、又非無政府狀態。相反地，它是既親密無間、又與之保持距離的複雜和長久的共舞，是傾訴與傾聽的共舞，是已知和未知的共舞，從而造成認知主體與認知對象的合作與共舞。

偉大事物的魅力

求真的群體空間能實現教育的使命，是因為它接受這樣一個基本事實：我們所隸屬並渴望認識的現實，超越了人與人之間的相互

關係。在這一求真的群體空間中，我們不僅與他人互動，同時也與如同人類一般重要和有力（有時甚至更重要或更有力）的事物之間存在著互動。這一群體空間不僅藉著我們個人的思想與感受，也藉著「偉大事物的魅力」而形成。

這一說法來自里爾克的散文中。當我讀到它時，我意識到我們對教育群體的傳統形象，忽視了求知者與把求知者召喚在一起的偉大事物之間的關係。我們因為偉大事物而求知、施教和學習。我曾目睹了教育的群體如何因排斥偉大事物的魅力，只依靠我們自己有限的魅力，因而日益凋零。

「**偉大事物**」在這裡指的是能把求知者聚集在其周圍的大課題。不是研究這些大課題的學科，不是闡述大課題的教科書，更不是試圖解釋它們的理論，而是大課題本身。

我指的是類似於生物學中的基因和生態系統，哲學和神話中的信條及其指代物，文藝作品中關於背叛、饒恕、愛情及誤會等故事的原型。我指的是人類學中家族及其家世血統，管理學中的邏輯系統，音樂和美術中的形態與色彩，歷史學中反覆呈現的模式及其變異，以及法學中難以琢磨之關於正義的概念。

類似這樣的偉大課題是教育群體中須與不可缺少之連結的力量，正是它們把我們聚集在這些大課題的周圍，並試圖了解它們，如同人類第一次聚集在火的周圍一樣。它們造就我們成為求知者、教師和學習者。偉大事物的魅力激發了我們心中的良知，讓我們能盡我們所能，創造了教育群體的最佳狀態：

- 它讓我們在我們的群體中引入了**多樣性**，不是因為在政治上這是正確的，而是因為偉大事物的多重奧祕是透過不同的觀點共存。

- 它讓我們允許**模糊性**的存在，不是因為我們無所適從，而是因為我們承認我們有限的認知不可能涵蓋偉大事物的博大精深。

- 它讓我們歡迎**創造性的衝突**，不是因為我們之間相互憤怒、充滿敵意，而是因為我們需要衝突來糾正我們關於偉大事物的本質所持有的先入為主的偏見。

- 它讓我們實踐**誠實**，不僅是因為這是待人之道，更是因為在我們所看見的事上作假，是對偉大事物之真實性的背叛。

- 它讓我們體驗**謙卑**，不是因為我們被擊敗了，而是因為只有謙卑才能看見偉大事物。一旦我們看見了事物的偉大，謙卑是我們唯一可能的態度。

- 它讓我們透過教育成為**自由的**男人和女人，不是因為我們在知識或資訊上占了先機，而是因為任何狀態的暴政只能被偉大事物的魅力所征服。

　　當然，教育的群體不能永遠保持其最佳狀態，我們可以輕而易舉地找到這樣的例子。有時追求真理的群體是受這些偉大事物美好特徵的對立面所驅動。《雙螺旋：DNA 結構發現者的青春告白》（*The Double Helix*）一書便記載這樣的例子：詹姆斯・華生（James Watson）和法蘭西斯・克理克（Francis Crick）發現DNA的過程，揭示了學術界司空見慣的自大、競爭、頑固和貪婪。

　　這故事激發了我對其中兩位主角的興趣。在他們偉大發現的四十週年之際，我與他們談到了從他們接觸到偉大事物 DNA 以來，良知如何贏回了他們。

　　詹姆斯・華生說：「分子是如此美麗，它的絢爛光彩反映在我和法蘭西斯身上。我想用我的餘生來證明我至少（與法蘭西斯）在

同等程度上與 DNA 聯繫在一起，這不是一件容易的事。」

　　然後法蘭西斯・克理克（華生曾形容他說：「我從來沒見過他謙虛。」）回應說：「一個分子在台上搶盡了我們的鋒頭。」

　　克理克的謙虛可能是故作姿態，可是這正說明了一個求真群體的力量所在：在偉大事物的魅力下，我們自己的私利只能退居其次了。當偉大事物消失時，或是當我們的生命對它們沒有那種向心力時，我們就從攜手求真的軌道上滑落出去，進入裝腔作勢、自我陶醉或傲慢自大的黑洞中了。

　　偉大的事物怎麼會消失呢？當教育的群體更深地依靠著親密無間的關係、或服從多數、或服務市場，而非注重求知和教學時，偉大事物儘管不消失，卻也無法再那樣絢麗多彩了。然而，對偉大事物之更嚴重的威脅在於，我們用自以為是的智力將其縮減為我們智力的產物，從而扼殺了它們。

　　偉大的事物也在面對絕對主義和相對主義時隱沒。絕對主義宣稱，我們已經準確地了解偉大事物的全部了，所以不再有與它們持續對話的必要，從而也停止了我們之間對話的必要性。專家們已經掌握了全部事實，剩下要做的只是由他們傳遞這些事實給尚未了解事實的人。相對主義則宣稱，知識全在於我們的立場，所以除了我們個人的觀點外，我們不可能另有所獲。同樣地，我們不再有必要與偉大的事物對話，也不再有必要持續我們之間的對話：公說公有理，婆說婆有理，不必理會我們之間的不同。

　　當然，偉大的事物並未從存在中消失，它們只是從我們的視野中消失。偉大事物可以經歷人類傲慢的攻擊而不致滅亡，因為它們是物質與精神生活不可簡約的成分。問題在於，我們是否願意捨棄我們以為對於世界已是無所不知、無所不曉的自以為是，或以為我們可以隨著我們的意志創造出世界的傲慢自大？在於我們是否願意

承認偉大事物是獨立存在的實體,以及它對我們生活的影響?

只有當我們賦予偉大事物生命,承認它們的本質、本性及整體性,承認它們的存在及作用並不依賴於我們或我們對它們的想法,我們才能體驗到偉大事物的威力。

只要看一下當我們剝奪了偉大事物的整體性時所發生的事,我們會更深刻了解這一點。通常現在文學研究中的作法是,用分析的眼光來講授經典作品,揭示這些作品中如何瀰漫著作者和他們時代的偏見。從這個觀點來看,《白鯨記》(*Moby Dick*)的意義就不在於它深深地觸及了偉大的事物,如人類所經歷的傲慢和宿命,而只在於作品中的梅爾維爾(Melville)是怎樣一個偏執的一家之長。

大衛‧鄧比(David Denby)揭示了此一觀點的傲慢自大:持這種觀點的人(包括老師和學生),都會覺得自己比所學的經典作品來得高尚,因此除了洋洋得意,我們不可能從中學到任何東西。與一個道德上破產的作品或人物建立聯繫是不可能的。當我們把偉大的事物歸併成微不足道的類型時,我們便剝奪了它們的自我及聲音。

偉大事物具備其內在生命,只要我們願意,它的內在生命將與我們的內在生命對話。這樣的說法並非故作驚人之談,文學作品只是這樣對話的一個最清楚不過的例子。它超越時空,清晰無比地向我們傾訴第三帝國的歷史,用魔鬼的聲音向我們說話,以致如果我們用心聽的話, 我們可以聽到自己內心深處對它們的回應。

一個海洋生物學家可以拾起一隻海螺,用心地傾聽,了解在其生長的海洋中所發生的許多事,以及牠種族進化的故事。每一個地質學家都知道岩石會說話,告訴我們發生在比我們有記載的歷史更久遠的時代所發生的故事,那些只靠人類語言和辭彙永遠無法敘述的故事。

　　安妮．蒂洛特（Annie Dillard）曾把她的一本書命名為《教石頭說話》（*Teaching a Stone to Talk*），但是蒂洛特知道，真正的問題是教我們如何傾聽。如果我不深化自己的內在生命，我將永遠不能理解偉大事物的內在生命。不知己，安知彼？

　　結論是顯而易見的：除非我們把自己看作是偉大事物的一部分，否則不可能認識偉大的事物。絕對主義和相對主義不但妨礙我們認識世界，也妨礙我們認識自己，讓我們在高估自己的趾高氣揚和低估自己的奴顏婢膝之間無所適從。但其結果卻是一樣的：對人類自我不切實際的扭曲，如一枚價值和價錢不相符合的珠寶。

　　我曾經聽過這樣一句猶太格言：「我們需要有兩個口袋的外套，一個裝塵土，一個裝金子。我們需要有兩個口袋的外套來提醒自己我們是誰。」只有每天穿著這樣的外套進教室的老師，才有可能讓求知和教學在偉大事物的魅力中進行。

求知及神聖性

　　這一章對求知的描述，包括求真的群體、偉大事物的魅力、課題的超經驗性，以及「坐在中心知曉一切」的奧祕，都來自我對現實的神聖性或神聖的現實之體驗。別人可能可以從其他事物出發，而形成同樣的理解。但對我來說，求知和教學必須基於神聖的土壤，而更新我作為一名教師的職責，需要有宗教般的情感。

　　我知道求知和宗教的結合不總是會有好的結果。可是，教育的歷史可以證明，宗教的土壤並不見得比世俗的土壤更可能滋長雜草。從偏執狂到死守教條，我所知道的任一種宗教狂，都能在世俗的形式中找到，而且它們經常是得其所哉地置身在學術界的園林中。健康的教育在於我們有沒有能力把宗教和世俗揉合在一起，讓

它們相得益彰。

什麼是我在這裡說的**神聖性**（sacred）呢？這又是一個我們在探索終極真理時必然要遭遇的矛盾統一的概念。一方面，神聖性指向無法定義、無法表達的無限，如魯道夫・奧托（Rudolf Otto）在《聖潔的思想》（*The Idea of the Holy*）一書中所定義——**極大的奧祕**（mysterium tremendum），是處於現實中心的巨大能量。另一方面，神聖性簡單地意味著「值得尊敬」。與極大的奧祕相連結顯然不可能是我每天的日常經歷，所以，我不能依靠從天而來源源不斷的能量來使我的教學日新又新。但是，我可以在每天的實踐中表達對偉大事物的尊敬。

許多人已經注意到了我們人際關係中日益司空見慣的互不尊重，以及這種人際關係中的互不尊重對未來民主社會的危害。但是很少有人注意到我們對偉大事物的不尊重，及這種不尊重對教育和精神生活的危害。

在一個缺乏尊重的文化中，教育的命運最為可悲——它淪落為平庸的陳腔濫調。當沒有任何事物值得我們尊重、沒有任何事物是神聖的時候，我們竭盡所能而得到的也只能是陳腔濫調。當我們身處這一奇妙之宇宙的中心時，用分解的篩子把它的神奇過濾出去，以為用邏輯和資料可以揭穿它的奧妙之處，將其奧祕降低到我們心智的水準，還有什麼能比這更了無生氣呢？一切陳腔濫調的根源，包括漢娜・鄂蘭（Hannah Arendt）所說的「平庸的邪惡」（the banality of evil），都在於我們不能找到值得我們尊重的人和事物。

一個缺乏神聖性的世界是一個無奧祕可言的乏味世界，這樣的內心世界沒有變化，一覽無遺。在其中旅行，你不會經歷平原、森林、河流、荒野和山川的不同，不會經歷由蠻荒到開化的變化。不以任何事物為神聖的內心世界，是一片無質感、無景象的茫茫平

川。在其中旅行，不久就會變得不可言狀的枯燥乏味。

　　如果這只是美感上的乏味倒也罷了，更糟糕的是，這無神聖感的平淡無奇更衍生出感覺的疲勞。它衍生出精神生活的病態，使我們失去了求知和教學的能力，因為我們不再為任何事物感到驚奇。

　　而一個有神聖性的內心世界，憑藉它的複雜多變和千姿百態，使驚奇感成為我們永遠的夥伴：它就隱藏在下一個柳暗花明、峰迴路轉之中。儘管有時它出其不意地讓我們驚奇，但它總帶給我們歡喜。而在無神聖感之平淡無奇的世界中，對事情的發生和發現早已司空見慣，所以我們既不期望、也不歡迎驚奇，我們為它們出其不意的現身感到恐懼，甚至於反應激烈。

　　這也是學術界對與我們傳統思維不一致的新思想出現時所出現的反應。比如我們聽到有人認為，在教學中情感與事實同等重要，或是聽到芭芭拉・麥克林托克驚世駭俗的基因可以「跳躍」或變換的假設所表現的反應。

　　我們並不總是對這樣的新思想喜聞樂見；相反地，我們總是把它們當作是離經叛道的胡思亂想而重拳出擊。根據它們可能帶來的影響，我們甚至試圖將其擊潰而後快，就像是在戰場上對付試圖搶占戰略高地的敵人。遺傳學家詹姆斯・撒皮羅（James Shapiro）形象地描述了這一對新事物持對抗心理的模式。他指出對麥克林托克之新思想的反應是科學界如何冷淡地接受一個新思想的範例。當麥克林托克第一次宣布她的發現時，人們認為她瘋了，然後人們說這只是玉米特有的現象，繼而又說這現象隨處可見、無重要性可言。最後才覺醒過來，認識到此現象的重要性。

　　對於讓我們驚奇的新思想新事物，我們可以有完全不同的反應。讓一個新想法啟動另一個新的想法，這就是我們稱之為思維（thinking）的過程。但是在平淡乏味、無神聖感的文化中，這不

是我們遭遇到驚奇，或是被驚奇驚嚇時所能有的反應。相反地，我們條件反射運用已操練得爐火純青的舊思想作為武器以自衛。

在此時此刻來思考一個新的想法會讓我們過於暴露而易受傷害，因為我們不知道新的想法會不會讓我們淪為他人的笑柄。所以，我們運用舊的想法，運用純熟的舊概念，而對讓我們驚奇的新想法視若無睹，或是在新思想影響我們心智之前逃離而去。出於對非我族類的恐懼和驚嚇，我們讓我們古老的「或戰或逃」（fight or flight）的本能占了上風，使學習任何新事物變得不可能。

「或戰或逃」的本能植根於我們已有百萬年的進化歷史，看來似乎是不可克服了。可是另有生理的證據證明，其實並不一定如此。一般來說，當出其不意的事情發生時，我們的視野會突然變得狹窄，以激發或戰或逃的本能反應。這是一個出於恐懼的強烈自我防衛機制，而讓智力和體力高度集中的戰備狀態。但是在日本的自我防衛術 aikido 中，人們練習一種稱之為「軟化視力」（soft eyes）的技法，以對抗視野的突然狹窄。這一練習讓人們視野開闊，吸引更多周圍世界的資訊。

如果你出其不意地驚嚇了一個人，他的自然反應是視野狹窄準備或戰或逃；但是如果他學會了使用軟化視力的技法之後，他的反應就完全不同。他會面對驚奇、容納驚奇，然後以更成熟的方式來對待。比如，思考這令他驚奇的新思想。

對我來說，軟化視力是對我們直面神聖的現實時應有態度的令人激賞的寫照。現在我們可以用開放和接受的心態，來接受世界的偉大和偉大事物的魅力。為奧祕而開闊的視野，使我們在遭遇驚奇時不必或戰或逃，而是可以向這偉大的奧祕，敞開我們的心扉。現在我們有能力邀請我們的學生也進入這偉大的奧祕以從事我們稱之為生活和學習的活動。正如黛安·阿克曼（Diane Ackerman）所描

述的：「偉大的情感、熱愛生命的情感，就是盡可能多體驗生活、培養你的好奇心，如同培養一匹生氣蓬勃的良種馬。騎上牠，每日穿越森林茂密、陽光明媚的山岡。倘若沒有冒險，情感的園地將是一片荒蕪；沒有起伏跌宕、曲折迴旋，生活將沒有驚心動魄的經歷，成為逝去歲月的堆砌。生命由奧祕開始，以奧祕結束，但是，在開始和結束之間，是一片無比美麗、等待開墾的美地。」❊

第五章

在群體中教
以課程為中心的教學

Teaching in Community
A Subject-Centered Education

◇　　◇　　◇

從一粒細沙看世界
從一朵野花見天堂，
把無限握在手掌中
永恆不過是一小時的光景。

——選自 William Blake，〈無知的徵兆〉（Auguries of Innocence）

第三事物

　　我們對世界的知識來自我們為偉大事物所吸引，而群集於複雜且互動的求真群體中。但一個好老師要做的，不僅止於傳授學生其從中得來的知識，好老師重現獲得知識的過程，引導學生參與在求知群體的動力中。

　　當我論述好的教學永遠是群體共有共用的問題時，我並沒有放棄我認為教學不能簡約為教學方法的主張。群體或群體之間的相互連接，是所有優質教育背後之大原則，但是天賦不同的老師，透過令人驚奇的不同方法、不同手段，來創造這樣的群體。

　　創造一個求真的群體並不是簡單地把座椅排成一圈讓大家發言對話。空間的互相連接可以透過課堂講授、實驗活動、實地訪問、服務學習、電子媒體等形形色色的傳統或新穎的手段，在不同規模的班級中創造出來。手段隸屬於一個大原則，卻因老師們不同的自我，而有無數不同的表達方式。

　　但是，我們常用的教學方法卻很少有這樣的共用性，它的中心是一位除了把結論傳授給學生之外，很少具有其他功能的老師。它假定老師無所不知、無所不曉，而學生則一無所知；它假定老師必須給予，而學生必須接受；它假定老師設定所有的標準，而學生必須努力達成。老師和學生共處一室並不是因為他們要共享求知過程的群體關係，而是因為這樣的課堂教學使老師不必對每個學生重複他所要講授的。

　　出於對這種教學方法的反思，產生了另一種相反的教學原則：學生和學習活動比老師和教導活動更為重要。這一新方法把學生當作是等待開發的知識儲存體，鼓勵學生相互教學，學習的標準由學

生自己制定，而老師的角色是鼓勵者和共同學習者，只在必要時充當惡人。這一方法聽起來像是一個學習的群體，但如同我馬上要說明的，它很可能退化成一個不盡完善的求知群體。

一邊是以教師為中心的教學模式，強調嚴謹；一邊是以學生為中心的教學模式，強調活潑。這使得我們之中的一些人首鼠兩端，無所適從。每一模式都有其真知灼見，但每一模式都似乎過猶不及。問題在於，我們又一次被「非此即彼」的思維方式所錮制、為兩個極端之間的張力所苦惱，使我們不能綜合出一個兩全其美的方法。

上一章中關於求真群體的描述可能可以給我們一點啟發，在那裡「坐在中心無所不知」的是我們要學習的課題（subject）。那麼，教室可能既不應該以教師為中心，也不應該以學生為中心，而是以課題為中心的。仿效求真的群體之模式，在這種教室中，老師和學生都關注於一重要的課題，因為處在我們注意的中心既不是教師，也不是學生，而是課程本身。這樣，以教師為中心的教學和以學生為中心的教學中最佳成分，就被綜合而昇華了。

如果我們想把教室建成一個求真的群體，讓我們誠實地追求知識，我們必須把這**第三事物**——偉大的事物，置放在教學活動的中心。如果只有老師和學生充當活動的主體，學習的群體就很可能淪為自我陶醉，不是老師掌管一切，就是學生永遠正確。只有在我們建立了對教師和學生一視同仁的衡量標準時，一個既嚴謹又活潑的學習環境才有可能，而偉大事物能讓我們做到這一點。

任何一個真正的群體都要求一個超越你我的第三事物存在，使我們能夠超越自己而對這第三事物的存在負責；這是一個即使在教育領域之外也廣為人知的事實。在宗教生活中，如果一個群體把其終極關懷維繫在被按立的教會領袖或是會眾的從眾心理，而不是把

目光轉移到可以裁判會眾與神職人員的超越中心（transcendent center）的存在上，它就淪為偶像崇拜。在政治生活中，如果一個國家缺乏一個超越中心的存在，來喚醒以恐懼制人的政客和被制於恐懼的民眾，戰勝他們的恐懼，這個國家的社會生活就會解體，甚至變成法西斯主義的惡魔。

在以課程為中心的課堂中，第三事物的存在是如此真實、如此生動、如此強烈，它可讓師生為自己的言行負責。在這樣的課堂中不存在內心的懼怕。偉大事物的魅力無窮，讓老師能面對學生，也讓學生能面對老師，兩者憑藉這偉大事物而擁有對方。在此，學生和老師擁有超越自己的力量，這力量來自我們對事物的理解，認識到課程並不局限於我們所得到的結論。

我可以用一個基本的、謙遜的，甚至是令人屈辱的例子來說明這一基本概念。你我可能都經歷過類似的尷尬局面：我們剛剛就課程的某個概念下了一個論斷，就有學生指出，我們的論斷與我們以前所說或是課本所說的，或是學生自己從課堂和書本之外所獲的知識相悖。

在以老師為中心的課堂中，被指出前後矛盾可視為老師的失敗。情急之下，我們的騰挪躲閃之術或許連拳王阿里都自愧不如：「嗯，這在你看來可能是自相矛盾的，但如果你看一下關於這個問題的原始論述，我猜你很可能還沒有看過，因為它們是用芬蘭原文寫的。如果你看過，你就會發現……」

但是，在一個以偉大事物為中心的課堂中，找出自相矛盾之處可視為一大成功：現在我知道偉大事物正在我們其中，任何一個注意到它的存在的學生都可以對我評頭論足。在這一刻，偉大事物不再受限於我的講授，學生與課程有直接的、無須中介的接觸，他們可以運用他們的知識挑戰我所說的。這不是一個令人窘迫的時刻，

而是一個值得慶賀的時刻，因為好的教學賦予了學生和課程生命。

在一個以課程為中心的課堂中，老師的主要任務是讓偉大事物有獨立的聲音，讓它不依賴於老師的聲音，而以學生能直接聽到並理解的聲音直接向學生對話。當偉大事物直抒其意時，老師和學生就形成一個學習的群體。這一群體不會因為老師或學生的自我中心而崩塌，因為他們都知道他們對處於群體核心的課程負有責任。

如果以課程為中心的課堂讓你覺得陌生，想像一下幼稚園的教室，想像一下一位老師與那些五歲的孩子們席地而坐，聽她讀一個關於大象的故事。從這些孩子的眼睛中，你似乎可以看到那大象就在他們中間，藉著這龐然大物為媒介，其他偉大的事物，如語言和傳達意念的奧祕符號系統，也都進入了課堂。

或者想像一下近年來在大學校園中日益普遍的社區服務課程，這些課程讓學生在社區的活動中接觸他們所學的主題。在一所州立大學的政治學大班上，四分之三的學生按傳統的方法修課，其餘四分之一的學生除了傳統的課堂活動之外，還加了一項社區活動。一般人會以為這四分之一學生的學習會受影響，因為他們要額外花時間和精力去服務社區，這些學生也有可能對此心懷怨恨。但事實是這部分學生學得**更好**，他們對課程有更加個人化之持續性投入，因為他們在社區服務中經歷到的偉大事物，讓他們的課本知識變得更為真實。

或是思考一下學生運用數位科技的學習過程。如果我自己的經歷能說明問題的話，我覺得這是讓偉大事物居於我們注意中心的絕妙手段。一直以來，我對太陽系及其運行十分入迷，可是無論我在大學所修過的天文學或我歷來所讀的書籍，都不能滿足我的好奇心。直到最近我在電腦上使用了天文學「實驗室」的光碟，我才如願以償地開始理解這門學科的基本原理。

讓我能快速學習的一個原因是電腦創造虛擬現實的能力。使用電腦，我可以建造或操縱行星的模型、它們的衛星、它們之間的關係，以及重力的作用。它讓我把浩瀚的宇宙置於我注意力的中心，讓我隨心所欲地漫遊其間，如同它是我的家一樣。（確實，現在我對自己家的了解也更為深刻了！）同時，我又能隨時獲得圖像和科技資訊以加深我的理解。天象圖也指導我在夜間如何觀察天象。使用這樣的技術，現在有越來越多的學生可以在教室中與從建築到動物學的各門學科中的偉大事物有更親密的聯繫。

諷刺的是，客觀主義似乎一方面鼓吹把認識的對象置於其他一切事物之上，一方面卻鼓吹教師中心的教學。客觀主義迷戀於捍衛知識的純粹性，卻不允許學生直接接觸認識的對象，更不用說讓學生的主觀意志參與其中。學生的一切知識都必須經過老師的中介，老師儼然以認識對象的代言人自居，成為學生注意力的唯一焦點。

從一個拒絕在數學教學中做任何改革的數學教授的聲明中，可以看到這種極端純粹性的教學方法：「作為數學家，我們的主要責任並不是為了學生，而是為了數學；我們的責任是為將來的人類保存、改進，並創造純正的數學。」他認為，註定要成為數學家的好學生，「無論在哪種教學系統下都能存活，數學學科的希望也正落在這些學生身上。」

以學生為中心的課堂教學，是因為反彈被濫用之以教師為中心的教學而出現，但它自己卻也被濫用了。在學生為中心的教學環境中經常存在著一種智力低下的相對主義：「你有你的真理，我有我的真理，我們不必在意我們之間的不同。」當學生穩坐在教學環境的中心時，老師可能給了他們太多的領導權。當學生自己訂定學習評量的標準時，要克服個人或群體的無知與偏見是十分困難的。

帶著以課程為中心的課堂教學之可能性，我現在重溫學生告訴

我他們所遇過的優秀老師的故事，我注意到「對課程的激情」是學生常提及的（激情並不一定是喧鬧的，可以是安靜而強烈的）。我過去一直以為激情能造就好老師，因為它感染了整個教室，可是現在我對激情的功能有了更深刻的理解。激情把課程（而不是老師）推到教學環境的中心。而當偉大的事物置於學生的中心時，學生們就直接從它獲取學習和生命的能量。

以課程為中心的教學環境並不意味著忽略學生，這樣的教學滿足學生最重要的需求之一：把超越他們自我經歷的世界引見給他們，使他們走出個人的疆界，以擴展他們的群體觀。這就是為什麼學生們經常提到好的老師把他們聞所未聞的事物「生動地呈現」給他們，讓他們與非我（otherness）相遇而充滿生氣。

以課程為中心的教學也滿足我們做教師的最重要需求：讓我們不斷增強我們與我們的學生、課程和自我的聯繫，一次次地充實自己。它把弗洛斯特所說的「大奧祕」（Secret）放在圓圈的中心，讓我們與當初把我們帶進這一課程的激情再次融合成一體。而這樣的融合是不可能發生在只有老師和學生卻沒有課程的學習環境中。

見微知著的教學

當我提醒自己，教學就是要創造一個實踐求知的群體，提醒自己不要用資料和我自己的想法來充斥其間，要留下空間讓學生可以與課程以及他的同學有更多交流時，我常常聽見自己內心一個不同的聲音：「但是在我的領域中，充滿了學生們必須要掌握的基本資訊，有了這些基本資訊他們才可能繼續學習！」

這個聲音讓我重蹈駕輕就熟的老路：用我的知識使課堂成為一言堂，把學生擠到無容身之地。或是讓我以錯誤的理由解讀以課程

為中心的教學：我可以假借傳播課程資訊之名而獨霸教室。

屈服於我內心的這種試探，並不全然是因為我當年的專業訓練，而是因為我有一個總想處於舞台中心的自我。與其他我所熟知的老師一樣，我獨霸教室是出於我的職業道德，它要求我對課程的完整性負責，對我必須為學生將來的教育和工作做準備的使命負責。套用許多被這種職業道德感所驅使的老師們的話來說，這種職業責任心要求我們「全面地涵蓋課程內容」。

這種責任感無可非議，可是，如果我們從中得出的結論是我們必須犧牲教學的空間來涵蓋課程的內容，那麼這結論卻是基於一個錯誤的前提，亦即**空間**與**內容**是互相排斥的。在求真的群體空間中教學，我們必須找到一個兩全之計，把這一明顯的對立變為矛盾統一體，能同時容納所須涵蓋的課程內容和教學所須的空間。

讓我們從一個簡單的教學事實開始：如果一門課程的目的是傳播大量的資訊，一個最不濟的方法就是喋喋不休地講授（雖然講授法還有其他功能，之後我將論及）。人類的大腦不適於儲存通過講授以一列縱隊鵝步進入我們大腦的資訊。透過課本或電子媒體來傳授資訊會有效得多，因為它們讓學生有機會按大腦所要求的形式迅速而頻繁地加工資訊：一而再、再而三地閱讀，反覆地思考，尋求它們之間的關係，並運用它們。

當老師把課程的全部資訊傾瀉在學生身上時，他們會因為訊息量龐大而喪失了掌握資訊的能力。了解了這一點，我們可以重新審視一下我們常說的「涵蓋全部課程內容」這一比喻。這一比喻說明我們下意識地把教學看作是用一張防水帆布將一片草地遮蓋得嚴嚴實實，不但使這帆布下面的草枯萎，也不容許新草生長。這倒是對頭腦中充塞著簡單事實的學生之絕妙的寫照：他們不理解課程的內容，只是記住了相關的資訊讓他們能在考試中低空掠過，從此一輩

子再也不想讀任何一本有關這門課程的書籍。

　　怎樣才能協調教學空間和教學內容的衝突呢？當我問自己：「怎樣才是最優化地使用我和學生在教室中共有之有限的教學時間」時，我似乎領悟到一些解決問題的方法。

　　與其用這些教學時間來告訴我的學生，他們在這門課中應該知道的一切——他們最終既不能記住，又不知道如何運用的資訊，還不如把他們帶入實踐的情景中，帶入求知的群體中。要達成這個目的，我要做的是向學生呈現關鍵的資訊樣本，讓他們明白在實踐的情景中，人們是如何取得資訊、檢驗修正資訊、思考資訊、運用資訊，並分享資訊。

　　這樣的話，我就可以以少勝多，既充分利用了教學時間，又兼顧了教學的內容。但是，怎樣能用少量而又關鍵的資訊樣本來表現一門學科中博大精深的內容呢？只要記住，任何一門學科都有其整體概念，有其內部的邏輯性，有其與學科核心的偉大事物之特定的聯繫。

　　這樣，任何一門學科都像是一幅鐳射的全息攝影，我們在第四章中曾用過這個比喻來描述物理學家對隱藏於現實背後之邏輯關係的理解。一幅全息攝影是一組有序的視覺資料，它讓我們能在二度平台上呈現一個三維的物體。全息攝影另一個更令人驚奇的特徵是，它的每一部分都包含著整體的全部資訊。

　　如同一位物理學家所說的：「如果把一幅玫瑰花的全息攝影分割成兩部分，然後用鐳射來照射它，每一個半幅都包含著玫瑰花的全部資訊。即使把半幅的全息攝影再分割為兩半，每一部分依然包含著原來影像具體而微的全部資訊。」從全息攝影的任意一個片斷中，你仍可以窺一斑而見全豹。

　　全息攝影的這種特徵，兩個半世紀以前，威廉・布雷克（William Blake）就曾在他的小詩〈無知的徵兆〉（Auguries of Inno-cence）中預言。他在詩中說，我們能「從一粒細沙看世界」。 每一門學科都有這種見微知著的沙粒，透過它可以洞察此一學科的內容。如果是這樣的話，我們有什麼必要把一卡車、一卡車的沙子傾倒在我們學生身上，使他們看不到事物的全部？何不把這沙粒放在他們眼前，讓他們自己學習呢？為什麼我們要苦心竭力地「涵蓋全部內容」，而不是量少質精地把學科內容更有效地呈現給學生呢？

每一門學科必有其內在邏輯，所以，它的每一片斷都包含著在鐳射的照射下重建整體所需的資訊。鐳射是高度有序的光束，在教室中，這鐳射就是教學行為。

這個理論聽來似乎知易行難，但是實際上那些最禁得起時間考驗的教學法，每天都在實踐這個理論。試想一下自然科學學科的實驗室，在這裡有三十位植物學的學生，透過三十具顯微鏡觀察同一植物莖幹的切片。或個別或一起，他們在老師的指導下，透過**這一顆**沙粒，學習了植物學科的邏輯性、對它的觀察及詮釋觀察結果的規則，以及有關植物學科的大量事實。透過對一個又一個微觀世界的學習和發現，最終演變為對整個學科之全備知識的了解。學生深入地學習殊體（particularity），得到的卻是對整體的理解。

無論我們試圖學習的偉大事物為何，我們一定能找到與顯微鏡下的植物莖幹相類似的片斷。在每一本文學鉅著中一定有一個片斷，如果你理解這一片斷的話，你就了解了作者是如何展開人物、製造情節張力，進而達到戲劇化的結果；有了這樣的理解，學生就可以領悟作品的其他部分。在每一個歷史階段，一定有一個歷史事件，理解了這一事件，你不但了解了歷史學家的治學方法，對整個歷史時期的興衰也洞若觀火。在每一位哲學家的著作中，一定有一個最關鍵的思想，理解了這一思想，你就了解了他的體系和思緒。

　　用這樣的方法教學，不要求我們捨棄想要涵蓋全部內容的職業道德感，我們只是將其更發揚光大。見微知著的教學，讓我們對所教的學科以及我們的學生負責。我們不再簡單地把資訊的「沙粒」傾倒在處於知識鏈末端的學生身上，而是幫助他們了解這些資訊的來源，以及它們所代表的意義。我們尊重我們的學科和學生，因為我們教會了他們如同歷史學家、生物學家、文學評論家那般思維，而不是鸚鵡學話般重複他人的結論。

　　讓我用兩個例子來說明，即使是在訊息量龐大的學科中，見微知著的教學仍然是可行的。在下一節中，我將講述醫學教育改革的重大趨勢；在其後的一節中，則將描述我自己在教授社會學研究法時的一個小故事。藉著這些故事，希望能說明見微知著的教學不僅能運用在實際的教學中，而且它的效果往往比我們吃力不討好地涵蓋全部學科內容的方法更好。

醫學院中的見微知著教學

　　我曾在一所研究型的大學中介紹我關於求真群體的理念，該大學醫學院的院長邀我共進午餐，他說他有一個我可能會感興趣的故事。

　　幾年前，這位院長和他的同事為他們所培育的醫生感到擔憂，他們發現當學生讀完醫學院時，便不再懷有當年把他們引入醫生這一職業的同情心。剛進醫學院時，學生們很關注病人和他們的健康，可是四年之後，他們視病人為待修復的物體（objects），如果已經不能修復了，他們就無視於病人的存在。

　　院長和他的同事們也擔心大部分學生沒有學會如何學習（learned how to learn）。學生的確能熟記傳統醫學院課程中所講授

的理論和資料，但是課程從未教他們如何更新知識，使他們能跟上日新月異的新資訊。

於是，院長和他的一小群志同道合者開始了一種新的教學方法。為了讓我明白新方法的重要性，院長先向我描述了傳統的醫學教學：

> 在醫學院的頭兩年，學生們坐在階梯教室中。教授站在講台上，手執教鞭，將懸掛在架子上的骨骼一一述來。學生的任務是記住教授所講的，在以後的考試中複述出來，並能在實驗室中運用。
>
> 然後，從第三年起，他們頭一次遇到真正的病人——於是我們感到納悶，為什麼他們對待病人就如同對待懸掛在架子上的骨骼！更不必說這種填鴨式的教學法根本沒有給學生留下自我發現的機會。

但是，把病人物化或使學生「愚蠢」（dumb down）還不是院長和他的同事們的全部擔憂，他們更擔心的是學生們所處的學習氛圍：學生的學習動機不是為了治療病人，而是為了在與同學的競爭中能夠出人頭地——這種動機有時造成了惡果。

有時，教授會要求圖書館保留一篇學術雜誌的文章供學生閱讀，等到第四位、第五位同學想讀這篇文章時，文章已被某個自私的學生用刀裁去了。在這裡，我們看不到學生對病人的關愛之心，因為文章中的資訊很可能在將來的某一天會幫助他的同學治療病人；在這裡，我們也看不到學生的自我學習動機，他們的動機是犧牲他人的學習來贏過別人。

於是院長和志同道合的同事們開始了一個新的教學方法，這方

法起源於安大略省漢密爾頓的麥克馬斯特大學（McMaster University），它的特點是讓醫學院的學生從進醫學院的第一天起，就圍繞著一名病患組成一個團隊，他們要為這位患有真實疾病的真實病人診斷，並提出治療的方案。

院長隨即向我保證，每個團隊中有一位指導老師確保這些準醫生的診治不至於對病人造成任何傷害。但是，這位指導老師的工作不是告訴學生他的診斷和處方，他的責任是把團隊的求知過程引向「偉大事物」──病人及其疾病和健康的問題。這才應是學生的注意力所在。

院長解釋說：

從某一方面看，這一團隊中的學生所知甚少。因為醫學院招收各種專業背景的學生，所以有些學生沒有醫學院預科的訓練，即使有醫學院預科背景的學生，也沒有實際的臨床經驗。

從另一方面看，這些學生的知識十分豐富。以個人來說，他們每個人都生過病或是認識生過病的人，所以他們具有關於疾病和健康的一般概念。

作為一個群體，他們知道的就更多了。這兒有的是一位善於觀察的學生，他注意到了病人的眼神似乎十分遲鈍；那裡坐的是一位直覺敏銳的學生，他從病人的肢體語言中讀到無聲的資訊。另有一位同學善於發問，他有辦法在幾分鐘內，獲取我們在一小時裡都不能得到的資訊。

如果你能讓這些學生群策群力，集思廣益，這一團隊的功能將是幾何級數地增長。有時，這樣一群準醫生能得出很有見地的洞見。

在這個醫學教育的模式中，圍繞著病人而形成的醫學院學生的小型團隊，是一個具體而微的求真群體，是帶動其他學習任務的軸心。從這個充滿生氣的軸心出發，學生投入其他的教育情境中，以獲取在這一團隊中未能獲得的對學習內容的理解——他們到圖書館做獨立研究；他們從教授的課堂講授中獲得對不同題目的系統知識；他們出席研討會、工作坊和實驗課來實踐某種特殊的技能。但無論他們做什麼，他們都會回到他們的團隊中，帶回幫助他們理解病人和疾病的新資訊和新理論。然後帶著新的問題，他們又從這一軸心出發到其他的學習場域中去尋求知識。

這位院長和志同道合的同事們提議，在醫學院中實施這項新的教學方法。經過醫學院教授們長時間的辯論，提案以微弱多數通過。塵埃落定以後，不贊成提案的教授們預言兩件事將會發生：一個好的結果是，這一新的教學法無疑將改善學生對待病人的態度和職業道德；但是，他們也預言新方法帶來的其他不良後果將使我們得不償失。

這些教授們預言新方法將造成學生在標準化考試中的成績下降，因為在新的課程中，缺乏向學生系統性地講授醫學課程內容的部分。儘管新方法讓學生對病人更為關愛，但忽視了課程的「客觀知識內容」，而這一後果將危及學生和醫學院，因為學生和醫學院的存亡繫於學生在標準化考試中的成績。

院長問我願不願意猜測一下新方法實驗六年之後的結果。我想我應該可以猜得到，因為我們一般不會邀請人共進午餐而分享失敗的壞消息。但是我更樂意院長親口告訴我。

批評者對新方法將改善學生的職業道德及對病人更為
友善的預言是正確的。我們在過去幾年中，再也沒有發生

把文章從雜誌中裁去的事。我們經常聽到病人告訴我們，學生們是如何善於幫助他們。

　　但是批評者關於考試成績的預言卻是錯的。學生的考試分數不僅沒有下降，相反地，自從我們採用了新的教學方法，考試分數持續緩緩上升。在新的教學方法下，我們的學生不僅變得更關心他們的病人，他們同時也變得更聰明、更有效率。

　　為什麼會這樣呢？我認為這正是在求真的群體中進行見微知著教學的威力所在。病人，作為偉大的事物，被置於學習情境的中心。病人本來就是大部分學生想要從醫的根本原因：幫助他人康復。所以從進入醫學院的第一天起，學生在新的教學方法下就被他們的原始動機所驅動，而且這一動機也是他們在整個醫學院學習過程中的原動力。

　　這也是學生表現出道德行為的原因所在，這一道德觀將更體現於其將來的職業生涯中。院長所說的雜誌文章不再被人裁下的事實，證明了當偉大的事物而非學生的自我成為注意力的中心時，人的行為變有道德了。雜誌中未被裁去的文章經常提醒學生們，他們的學習是為了幫助別人，而不是在競爭中取勝。

　　讓偉大事物處於學習的中心，不僅僅產出道德的結果，也產出智慧的結果。學生之所以變得「更聰明、更有效率」，與在求真空間中的新教學方法至少有兩層關係。

　　第一，人類大腦的最佳工作狀態，在於加工有意義的資訊而組成類型，而不是加工單一而不相聯繫的片斷資訊。學生在處理真實病人時，最有可能從疾病的症狀中識別出類型來，因為真實病人的經歷為他們提供了外部和內部的兩重聯繫：它把病人的身體症狀在

尋找相關關係和理解相關關係的過程中聯繫起來，形成可識別的類型；它也把醫生和病人聯繫起來，形成人際關係的類型。

院長這時做了一個結論，恰如其分地表現了我們對大腦功能的認識：「二十年後，如果這些學生之一仍然記得腎功能之原理的話，他記住的不是當年教科書中讀到的某個章節，而是史密斯女士的病例。」換句話說，對知識的記憶將是以共用的形式、以現實的形式存在的。

第二，求真的群體空間中的教學之所以有效，是因為它讓學生共同學習。儘管我們堅持認為競爭是激勵人們學習的最好動機，事實卻是，因為他們的個別學習是集體求知過程的一部分，或至少是集體榮譽的一部分，這些學生更富有動機。共同學習也讓他們能透過他人的角度來認識現實世界，而不是透過自己有限的視野來觀察所有事物。他們可以透過不同角度的觀察、檢驗，並修正他們自己所觀察的，從而更有機會得到正確的結果。

俗話說「集思廣益」，這或許一點也不假。這所醫學院教學改革的故事讓我相信，立足於求真群體的教學方法，很可能是我們目前的教育問題所迫切需要的答案。

在社會科學研究法課程中運用見微知著的教學

我的第二個見微知著教學法的例子，遠不如第一個例子來得激進，可能使這項教學方法更貼近每位老師的日常實踐。

社會科學研究法是社會科學課程中最不容易吸引學生注意力的課程之一，因為教這門課的老師通常是以無止盡的資訊對學生進行疲勞轟炸，這也正是我頭幾年教授這門課時所用的方法。直到我發現我的學生們都昏昏欲睡，我才意識到，應該要另尋一種更活潑生

動的教學方法。在我當時任教的那所大學，社會科學研究法是一門必修課，每班學生總在一百五十人左右。所以，我想要找到的教學方法，必須要能在一個大的講授廳中、而不是在一堂舒適的討論課上創造出求真的群體空間來。

為了說明我如何激勵學生的學習，讓我們集中注意在這門課中兩星期的一個片斷。在這兩個星期中，我要學生們了解研究社會現象的一些重大原則：例如，研究者如何形成概念、如何定義概念的外在表現、如何蒐集有關外在表現的資料、如何從資料的相互關係中找到規律，以及如何詮釋規律所包含的意義。清楚地命名這些目標，有助於這兩週課程的進行，也為教學可能產生的創造性的混亂設定範疇。

為了把這些重大課題置於我們注意力的中心，我在黑板上畫了一個簡單的 2×2 統計圖表，並在之後的兩個星期內，一直在黑板上保留著這個圖表，它就是我們的探索過程中焦點所在的那「一粒沙」（見圖 5.1）。圍繞著探究中心的這張圖，我用一連串的問題來進行教學。隨著學習過程的展開，我試著耐心地等待學生對問題的反應，試著讓同學之間以及學生和我之間開始對話。當課堂討論似乎糾纏不清、無路可走的時候，試著用一小段「講授」廓清僵局；然而，這一段講授之後總是新一輪的問題和對話。我希望這樣的教學能把學生帶入見微知著的教學深處，讓他們能看到這一領域的內在邏輯，至少能成為可以理解社會科學研究結果、有識別能力的閱讀者。

我既沒有這樣的篇幅，你也不會有這樣的耐心，容我把這兩星期中我和學生們的教學步驟一一說來。但是我可以描述一個**概念形成**的過程，讓你對我們的課堂教學見其端倪。

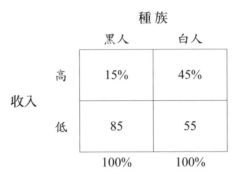

圖 5.1　收入與種族的關係

　　為了讓抽象的概念形成的過程具體化，我把教學的重點放在「**種族**」此一概念上。因為在我們的社會上，尤其是在我當時任教的大學中，這是一個備受關注的議題。我相信從「種族」這一概念的討論中所產生的課堂張力，足以吸引並保持學生的注意力，事實上，它也確實產生了這樣的效果。

　　在第一堂課上，我讓學生注意到研究人員不僅把種族作為他們要研究的變數，並且他們對所面試的人有一種特定的種族分類方法。

　　「告訴我，」我問道：「你怎樣判斷一個人的種族？」

　　一部分學生因為我的問題的愚蠢而瞠目結舌地望著我，其他的學生則因為同樣的理由而佯裝未聞。我必須十分努力才能保持這一沉寂無聲的空間，才能抑制住自己放棄見微知著教學法而開始講授的衝動。

　　我總算有足夠的定力保持沉默，直到教室後排一位學生遲疑地舉起手來。

　　「請講……」我對她說。

　　「用**看**的就好了。」她說：「你只要看就知道了！」

當你用這樣的方式教學，當沉默是如此讓人心煩意亂時，任何學生的反應都是難能可貴的。我大大地鬆了一口氣，就像是這位同學剛剛發現了廣義相對論似的。我謝謝她的發言，隨後步步緊逼。

「告訴我，」我問道：「你看**什麼**呢？」

現在有更多的學生相信我神智不清，但是課堂中的氣氛活躍了起來，可能他們嗅到辯論的血腥味。

「你看顏色，看他的膚色！」幾位坐在前排的學生說道，帶著幾分惱怒、幾分調侃。

「謝謝，」我說：「現在請看一下你周圍同學的臉。這兒大概有十到十二種膚色，從深烏檀木色到淺白色都有。這是不是表示我們中間有十至十二種不同的種族呢？還是表示你們中間的白人同學花時間在太陽下把自己曬黑了？」

談話就此進行下去，時而受挫，時而輕鬆。但一步步地，我們艱難地達成了我們對「種族」這一個概念所含基本意義的共識。

作為一個有效的概念——對於這一點，我的學生經過討論之後，並不輕易地認同——種族不是上帝或自然所賜的一種特徵，種族是基因順序排列的不可分辨之連續體，只是在所謂概念形成的過程中，我們在這連續體上加上了一些分割記號：越過這個記號，你是白人；越過另一記號，你是黑人；越過另一記號，你就是亞裔。

隨著探索的進行，學生們學到了有關概念形成的幾個重要條件。所謂種族的概念，是我們將一個關於人類特徵的精細資訊粗略加工而產生之人工產物。但這一人造物的形態並非無關緊要的，因為我們對種族所形成的不同概念會在現實世界造就出差異點。

因為種族這一概念在科學上和社會上造成的不同，我們對種族資訊的分類是否合理，就變成十分重要的議題了。這一概念的形成是不是隨意的呢？是不是帶有偏見呢？在對基因排列之連續體的不

同分割中，是不是有優劣之分呢？

當然，這些分割法是有規律可循的，而且我的學生們現在非常急切地想了解這些規則。透過他們對這一特定概念以及概念所帶來的問題之學習，他們對如何定義種族這一概念所形成的深刻理解，超過了我經由講授所能給予他們的。

他們對概念的理解，不局限於對種族這一特定的概念。有些學生基於他們已有的知識，成為新概念的創造者，意識到在研究過程中可以用共同接受的分類標準，從資料中找到不同類別從而形成新的資訊。另外一些學生變得更有識別力，他們既是知識的**消費者**，又是知識的**批判者**。他們不再未加思索地接受其他的概念，如性別或國籍，因為他們現在了解了這些概念在多大程度上取決於我們「如何連接分離的點」來組織我們對現象的經驗。

在我採用這種見微知著的教學法之前，我對這一系列的問題都準備了很好的課堂講義，而且我的學生們從中也學到很多重要的內容。但是新的教學方法使我讓出講授的時間，使學生更深入地接觸學科的內容，他們學得更多更好──不僅學會了社會科學家們所發現的知識，更學會了如何從事社會科學的研究。

開放的空間及教學技巧

無論我從自己或其他老師那裡知道多少成功的故事，每當我試圖營造讓群體實踐求真過程的空間時，我總是遭遇因為我的專業訓練所帶給我的阻力。

像所有專業人士一樣，我所受的訓練要求我占據空間，而不是開放空間。我們是知識的占有者，所以我們有責任把我們所知道的傳授給他人！儘管我已經摒棄了這一不合理的責任，我心中仍然感

到內疚自責，內心總有一個強烈的聲音告訴我說，如果我不用我的知識去占據所有可能的教學空間，就愧對於自己所賺的薪水。

我知道當醫生們邀請病人一起合作以確定診治方案，而不是直截了當地告訴病人他們「所患的疾病」或現代醫學能不能治療這一疾病時，他們面臨同樣的掙扎。實際上，所有的專業人士都已形成了這樣的謬誤：對我們服務對象的最好服務，就是用我們無所不曉的知識充斥所有的空間。

要學會開放空間，而不是占據空間，阻力也來自這一現象：當我們決定改變我們以前專業實踐的方法時，需要假以時日來完成這個過渡期。而當我們處於兩種方法之間的過渡階段時，我們反而不如原本的舊我好。在接受新的教學方法時，會有一段適應期我們無法很好地服務我們的學生，這一段時間，我們的負疚感會變得更為沉重。

為了對抗這種負疚感，我需要兩樣東西。其一是為我開放教學空間找到充分的根據，這也是我寫這一章的目的；其二是掌握開放空間所必須有的技巧和方法。

如果對我們專業能力的唯一考量是我們占據教學空間的能力，而所謂創造學習空間僅僅意味著隨波逐流，我們將永遠無法為求真群體創造開放的學習空間。要是我們不理解開放空間比占據空間更需要技巧和權威，我們將永遠不能戰勝心中的負疚感，我們的教學方法只能是一成不變的滿堂灌。但是要想掌握開放空間所需的技巧，我們首先需要明確地確定這些技巧。

某些技巧甚至在上課之前就開始了，例如，如何將課程內容概念化、如何選擇教學資料、如何安排課堂練習和家庭作業、如何安排教學時間等等。如果我在這些問題上的決定與開放教學空間的理念不一致的話，教學空間在上課之前就已消失了。

　　我的教學計畫必須注重學生的參與，而不是資訊的狂轟爛炸。我必須克制自己滿堂灌的欲望，鼓勵學生與學生、學生與教材的接觸。我應該為學生提供內容豐富的閱讀材料，又留給他們思維的空間。我自己必須對該領域中的文獻十分熟悉，因為思維空間廣泛地存在於學科的文獻中。我所設計的練習要既能揭示學生已有的知識，又鼓勵他們去探索未知。而教學時間的安排也要既有足夠的時間實施我預定的教學計畫，又為計畫外的特殊事件留有餘地。

　　為學生預備學習空間對老師能力的要求，絕不比預備一個好的講章低，而且絕對比預備一個不好的講章高。上述這些能力和技巧都發生在我走進教室之前。當我走進教室之後，我必須具有另外一些技巧和能力來維護教室空間，使其不為侵犯。譬如在研究法的課上，在很大程度上我運用了提問法，當我開始運用時，才發現這一個看來容易的方法其實並不簡單，因為我發現，我必須在無數可問的問題中選擇我要用的。

　　有些問題關閉了學習空間，並封閉了學生的思維，比如像「課本對第五章中所必須掌握的關鍵概念是怎麼定義的？」這類的問題。也有些問題給學生太多的空間，以致他們理不出頭緒，比如「這個 2×2 的矩陣說明了什麼？」在這兩者之間是最能啟迪學生思維的問題應該像是：「如果你來研究這個問題的話，你將如何定義學生的種族呢？」

　　當然，提問的技巧還不限於選擇正確的問題，它還關乎以既不羞辱學生、又不咄咄逼人的方式提出問題，並對學生的回答做出反應。每一個好老師都知道，即使是一個正確的反應，如果老師帶有言外之意的褒貶，課堂討論馬上就被凍結了。

　　當我們學會問題之後，我們發現還需要另一種能力：把師生之間的問答轉化為整個班級之間的對話。我的學生從他們之間的對

話中所學到的，遠較他們從與我的對話中學到的更多。

　　我必須學會如何把學生對我的回答折射到他們的同學身上。可能只是簡單地問他們：「對莎拉剛才所說的，你們有什麼看法？」也可能還有更引人入勝的折射法。但無論怎麼做，這種折射都意味著對我內心教學理念的挑戰。我必須相信，求真的群體有足夠的知識資源來回答所討論的問題。

　　對這一理念最強烈的挑戰發生在當學生給出一個完全錯誤的回答時，這時我內在的一切都嚴陣以待，預備用真理之劍把這個充滿謬誤的答案批得體無完膚。但是，如果我真的希望求知過程所必需的對話能持續下去，我必須在這關鍵時刻問自己一個簡單但不容易回答的問題：你打算等待多久才開始對錯誤答案予以迎頭痛擊？三十秒鐘？一分鐘？一小時？還是等到下一堂課？

　　當我考慮這些所有的可能性時，我清楚地知道自己不必過早開始這一反擊。無論學生的答案錯得多麼離譜，等待幾分鐘甚至一天，對我或對知識的正確性來說，都不是什麼大不了的事。當我從這種緊迫感後退一步時，班上一定會有人發言，對這一錯誤的答案提出質疑。一旦有人質疑，整個班級的學習過程就變得生氣盎然。

　　即使我問了好的問題，又把學生的回答折射到全班，再引導學生加入對話，我的任務仍沒有完成。我必須有能力把學生的回答提升到一個新的高度，讓他們看到我們從哪兒開始，以及在完成學習任務的過程中所留下的學習標記。

　　一個求真群體空間的豐富取決於非線性的求知過程。求知過程可以有多種軌跡，有的反覆循環，有的跳躍前進。在這樣一個富有創造機會的混沌之中，老師必須知道如何用一條線把學生所說的串起來，用求知的軌跡把我們已有的知識和新知識聯繫起來。

　　要做到這一點，我必須仔細聆聽學生們的發言，並把他們現在

說的和他們二十分鐘以前說的聯繫起來。仔細傾聽學生的發言不是一件容易的事，它以令我驚奇的速度耗費著我的注意力。但是如果我能按捺住自己想要主宰教室的衝動，它就會變得不那麼困難。當我沒有馬上說出我想要說的，我就打開了我的內心空間並且接受了外來的對話。

了解了學生的想法和他們的學習軌跡後，我可以讓學生回顧學習的過程，瞻望學習的目標，最後總結學習的成果。比如，在我的社會科學研究法課堂上，當同學們理解了種族只是研究人員所定義的概念而不是生理上的現實之後，他們可能還不能自己形成「種族是基因順序組合的不間斷連續體，而被人為地分割為不同類型」這樣的表述。

當學生不具備形成這樣表述的語言能力時，這就是我的責任，把他們在對話中所表達的零碎思想貫串起來。但是，我必須等待一個恰如其分的時機，來完成這樣畫龍點睛的總結：等到我的學生已經有了這樣的領悟，但卻拙於言詞不能表達的時候。我這樣的總結可謂一舉三得：我們將對話中零散思想片斷整合成一個整體；我們讓這一個與下一個所要學習的主題建立了互通的橋樑；我們讓每個學生都成為這個具體而微的求真群體中一個完全的參與者。

當我重新設計教學活動使課堂成為求知的群體空間時，我提醒自己，這樣的教學方法不是簡單地隨著學生走。我必須不斷地磨練我的教學技巧，並了解我的學生們，才能讓這樣的學習空間在課堂中實現。

群體空間： 變異及障礙

讓學生成為動態的求真群體的一部分，是一個合理的教學原

則，但是，我在這裡所探討如何在課堂中建立這一群體的方法，不應該被看作是標準的或唯一的。複製求知群體空間的「正確方法」源自於教師的自我認同與統整。

對我來說，經過多年的探索所找到的正確方法，是與我的學生們坐成一圈，使對偉大事物的求真過程在其中發生（如果是在階梯教室中上課，就設法讓學生感到我們仍坐成一圈）。但是還有其他創造學習空間的方法，其中有些方法與我們所謂的「互動式教學」似乎無共通之處。

回憶一下我在第一章時曾提過我的導師的教學方法。在「社會思潮歷史」的課上，他滔滔不絕地講授，讓我們規規矩矩地坐著抄寫筆記。但是他的教學絕不是以老師為中心的，他的講授把課程而非他自己置於教學的中心，而我們則與課程發生直接的接觸——儘管我們幾乎是一言不發。

我的老師是如何創造學習空間好讓學生們投身於其中的呢？他的講授不僅僅呈現社會學的理論與資料，還鉤沉索隱地把這些理論背後的戲劇性故事生動地展現在我們眼前。因為他不僅僅介紹主要的社會學理論，並且將偉大思想家的生平娓娓道來，讓我們好像看見卡爾·馬克斯正在大不列顛圖書館中撰寫《資本論》。隨著我們生動的想像，我們似乎正與偉大的思想家促膝談著那些激勵他們產生偉大理論的社會因素和個人因素。

但是我的導師的講授還不僅於此。他有時給出一個對馬克斯主義的評論，我們忙不迭地把這金科玉律記在筆記中，但是一絲疑惑似乎浮現在他的臉上，他會往旁邊跨開一步，轉過身來，看著他原先站立的地方，然後從黑格爾的觀點來辯駁他剛才對馬克斯的評論！他不是在故弄玄虛，這是他內心不間斷的智力激盪的自然流露。

當然，**戲劇化**的教學並不是在課堂上裝模作樣。但是，儘管我們之間並沒有太多的交流和互動，了解這些細節仍讓我們感受到群體的存在。當我觀看一齣好戲時，我有時強烈地感受到與劇情的休戚相關，像是我自己的生活在舞台上重現一樣。但是我不會與台上剛說完的一句台詞對答，也不會跳上舞台加入演出——坐在觀眾席上，我卻已經「身臨其境」如同於舞台之上。我們以內在之不可見的方式與劇情合為一體，卻不知道這就是群體空間的威力所致。

一場精彩的演出，讓我不必有「公開的」舉動而與劇中人物及命運休戚相關。同樣地，一場精彩的講授也可以將偉大事物及其故事恰如其分地引入我們中間，將求知的群體在我們中間表達得淋漓盡致，就像我們剛才從醫學院的課程改革和我在社會科學研究法的課上所做到的那樣。

我曾一度疑惑，我的導師與學生們在一起時顯得那麼笨拙，為什麼卻能激發全班成為求知的群體呢？現在我明白了，他其實一直捨下我們而棲身於求真的空間之中！你想，如果能與馬克斯、黑格爾、涂爾幹、韋伯和托爾奇（Troeltsch）這樣的睿智哲人朝夕相處，誰還願意理會一群二十來歲的鄉下小夥子呢？

但也就是這位老師，儘管他與社會思潮中曾出現過的偉大思想家的關係遠比他與周圍的人來得親密，卻是真誠地關心他的學生。他對他所講授的內容的激情不僅是為他所教的課程所激發，也是為了讓我們能理解他所教的課程。他想要我們與他內心的智力與想像常伴左右，從中學習。而且，他為我們作引見時所用的方式是與他的自我渾然一體的。

透過這位老師和他的講授，我們中間的一些人也成為求真群體的成員，能與逝去的哲人對話。這不是癲狂的跡象，而是一個受過教育的人的表徵。與不可見的歷史人物對話，讓一個人的世界無可

限量地擴展，並永遠改變了這個人的人生。

　　對於關注這些事的老師來說，把學習的群體空間定義為公開的師生互動，或是內心的心靈對話，並不重要。這些老師們都知道，如果老師和學生的關係因為權力和地位的不平等而敗壞，教學就不可能形成一個求真的群體空間。可是，老師要評價學生的作業並給出成績，這就把老師放在學生的對立面上，並使學生們成為彼此的競爭對手。當這樣的分裂力量作用其中時，一個學習的群體怎麼可能產生呢？

　　問這個問題的人假定群體只能在地位和權力的無差別境界中才有可能發生，但是這樣的境界是不存在的。群體一旦出現，隨之而來的一定是團體中的不平等。要求在教學中取消分數以形成學習的群體，如同尋找一個並不存在的烏托邦，其結果是從根本上放棄了這一群體。

　　當一個真正的群體形成時，那些關於權力和地位的虛假差異就消失了，比如性別和種族的差異。但是真正的差異卻依然存在，而且它們應該存在，因為這些差異是一個群體健康成長所必需的，如群體中的領導力量。群體依賴這領導力量來界定範疇，並堅持群體在最佳狀態的標準下運行。

　　評鑑（evaluation）在教育中就扮演這樣的功能。一個求真的群體空間要求持續不斷的測量與評定。我們在求知過程中的有些觀察是準確的，而有些則不那麼準確；有些所得到的結論是真實的，而有些則不那麼真實；有些假說是有根據的，而有些則不那麼有根據。當分數被用來做這樣的區分時，它們只是這樣的教學法所帶來的對動態的真實世界的簡單再現。

　　在教學中再現真實世界的原則，讓我們能創造性地運用分數來強調學習而非斷定（judging），強調協同合作而非競爭，使分數成

為學習空間中一個有建設性的因素。比如,只要我的學生願意,他們可以在學期結束前一再地修改他們要繳的報告,而且每次的修改我都評分並指出其優劣。而他們所得的最終成績不是歷次修改的平均分數,而是最後一次修改後的分數。透過這樣的評分,我希望能讓學生看到,評分的目的是幫助他們學習,而不是給出一個最終的評斷。

我也給學生們集體作業。基於集體作業的最終成品,每個學生得到同樣的分數,而不是根據各人在專案完成過程中所做部分的個別分數。評分意味著權力,我們要問的問題不是如何放棄這種權力,而是如何有效運用這種權力以產生更好的結果。

我並不是說,等級評分是評量學生的好方法。和其他較不常用的評量方法相比,如學生作業檔案(portfolio),等級評分是一種很不完善的評量法。但是等級評分法有其悠久的歷史,看來似乎還會有長遠的未來,我們不應該用它作為藉口來逃避求真群體空間對教師的挑戰。

對一個學習群體的真正威脅不是師生之間權力和地位的不平等,而是因為這些不平等所造成的師生之間缺乏相互依賴的關係。學生要依賴老師給他們分數,老師有什麼可以依賴學生的呢?如果我們不能在學生身上找到任何東西是我們急切想從他們那裡得到的,如同他們急切想從我們這兒所得到的分數的話,教學的空間依然不能形成。

問題在於我們和其他受過專業訓練的人士一樣,已被訓練成為要以絕對的自主權工作,要讓我們和我們的命運獨立於我們的學生之外。說得不好聽一點,我們的成功與否並不取決於我們的學生。

我們所擁有的權力和地位**容讓**我們這樣做,但卻並不**強制**我們這樣做。讓我們的成敗與否部分地取決於我們的學生依然是可能

的，如同他們的成敗與否部分地取決於我們的教學。這樣的教學方法不但能建立起求真的群體，而且能讓我們更深入地投入群體而學得更好。

我想用我受邀講演時所發生的一件事，來說明這個觀點。邀請我的教授說，整場講演可以有一個半小時的時間。當我告訴她，我只打算講二十到三十分鐘，然後開放其餘的時間讓大家討論時，她奉勸我不要這樣做。「這是一個大班，」她說，「大約有一百五十位學生，而且他們已經習慣了講授法，不習慣課堂討論。你的方法可能會行不通。」

但我堅持我的計畫。那天，當我面對茫茫人海講了一段時間後，我開始覺得那位教授或許是對的。當我結束演講，詢問學生有沒有任何感想和問題時，我已經因為太緊張而違背了我的一貫原則——要問具體、特定的問題！我後悔沒有聽取她的勸告；我越來越感到我不是在做公開演講，而是在接受公開的絞刑。

然後，不知什麼原因，可能出於對我的惻隱之心吧，一位看來和我一樣緊張的學生，舉起手來問了一個問題。我回答了她的問題，這又引發了其他幾位同學舉手發言，帶來了越來越多的交流，氣氛熱烈了起來。過了一會兒，真正的對話應運而生，話題越來越深入，主題越來越鮮明。

結束以前，我謝謝學生們讓我有一個很好的教學體驗，學生們熱烈鼓掌，約有二十人左右走到台前繼續我們的交流。大約十分鐘後，下一堂課的學生開始陸續走進教室，所以我們移步到走廊上，在那裡大約有十幾位學生又和我談了十多分鐘。很明顯，大部分同學從這堂課中有所收穫。

邀請我的那位教授陪同我走到停車場，她說：「這真是太奇妙了，我從來沒有見過這個班級如此活躍。我注意到你用了一些很聰

明的手法來激勵學生。」顯然她對我不甚了解，要不然她不會用「手法」這樣的言詞來褒獎我。

但是我十分好奇：「妳指的是什麼呢？」

她說：「每一次有任何人舉手，不論舉得多麼猶豫不決，你都會身體前傾，向學生走去。就像這樣。」她用手做了一個邀請的手勢，「然後你說：『請講……』無論學生說了什麼，你都面帶微笑地說：『謝謝。』好像你真心地感謝他們。」

這位教授大概認為這些都是我預先設計的調動課堂氣氛的手段，殊不知這完全不是這麼回事，這些都是我在絕望之中的垂死掙扎！

有一個專門的詞用來形容我對學生說「請講」，和用手勢請他們發言的那種場景，那叫「乞求」。還有一個專門的詞是用來形容我在得到哪怕是最微不足道的施捨後說「謝謝」的場景，那叫「感恩」。當你飢餓交迫的時候，你會不顧羞恥地乞討，而且對任何給予你幫助的人，你都心存感激。我在那天早上已經用完了我所預備的講章，但是還有一個小時要打發。要讓學生覺得我沒有浪費他們的光陰，我需要他們的幫助。

只有當我們放下保護自我的專業自主權，讓自己依賴於我們的學生如同他們依賴我們一樣，我們才有可能形成求真群體所要求的互相依存關係。當我們說「請」是因為我們需要學生的幫助，說「謝謝」是出於對學生的感激時，求知群體中的障礙就不復存在。老師和學生才能在更深刻、更有意義的層面上互動，學習也將令人驚奇、生氣勃勃地在每個人身上發生。❈

第六章

在群體中學習
同事間的對話

Learning in Community
The Conversation of Colleagues

◇　　◇　　◇

「悲傷的最好結果是,」梅林回應說,「人從悲傷中有所得著,這是百試不爽的。你可能變得老態龍鍾,你可能百病叢生,徹夜不能入眠,你可能會看著你周圍的世界被心智不全的人弄得亂七八糟,你可能知道你的榮譽和聲望正被一些心靈卑劣的人踐踏。但是有一件事正在其中等著你——那就是學習。你可以從中了解世界為什麼變成這樣,是什麼把世界變成這樣。在這件事上,你的心靈永遠不會枯竭,永遠不會疏離,永遠不會被困擾,永遠不必恐懼或懷疑,永遠不必後悔。學習是你的宿命。」

——J. H. White,《過去和將來的國王》(*The Once and Future King*)

關起門來教

　　每當我想到圍繞著偉大的事物而形成的求真群體時，不論這一偉大的事物是 DNA，或是《黑暗之心》（*The Heart of Darkness*）這樣的鴻篇鉅作，或是法國大革命這樣的歷史事件，我不禁會想，我們這些做老師的，能不能也圍繞著我們稱之為「教學」的偉大事物，如同我們尊重其他任何值得學習的題目一樣，形成求真的群體空間呢？

　　我們需要學會這樣做，因為這是讓我們成為好老師僅有的幾條途徑之一。優質的教學沒有特定的公式，專家們的耳提面命可能也只有有限的作用。如果我們想從實踐中成長，只有兩個基本的成長點：或是從我們內心的土壤中培育出好的教學，或是從教師的群體中學到有關於我們和我們職業的知識。

　　如果我想要教學完美的話，基本上我應該向內探索。可是我也有可能在其中迷失，而陷入自我陶醉和服務自我的循環中。所以我們需要與同事們對話，來引導這一探索過程。從對話中我們可以獲得對教學活動的相互支援，並從每一個敬業的老師那裡學習到他們所積累的、對我們這一行的集體智慧。

　　他人的教學智慧是使我們教學完美的資源，他山之石，可以攻玉。但這也是困難點所在，學術界的風氣在我們與同事之間所構築的障礙，甚至比我們與學生之間的障礙更高大。部分障礙來自我們之間的競爭，它讓我們因恐懼而分裂；但障礙也來自我們職業的特點：教學可能是所有公共職業中最個人化的職業。

　　雖然教學必須面對學生，但在絕大多數的場合，我們是在沒有同事的觀察之下單兵作戰。這和外科醫生或律師的工作有很大的不

同，他們是在其他專業人士的眾目睽睽之下工作的。律師要和其他的律師對簿公堂，他們之間的知識和技巧上的差距一目了然；外科醫生在其他專業醫生明察秋毫的觀察下手術，使手術的錯誤機率下降。可是，老師有可能把手術棉花留在體內，或截錯了肢體，但除了受害者之外，往往沒有人看見他的過失。

當我們走進我們的工作場所，也就是教室時，我們把我們的同事關在門外；當我們走出教室時，我們很少談論在課堂上發生的事和將要發生的事，因為我們沒有什麼要分享的。然後，我們不認為這是孤立主義，或嘗試著去克服它，我們稱之為「學術自由」：我的課堂就是我的城堡，而對我領地主權的任何干預是不被歡迎的。

我們為這種教學的私有化付出很高的代價。思考一下教學是如何評鑑的吧！當我們不互相觀摩彼此的教學，我們所得到的評價往往是無關緊要、折損士氣，甚至是聲名狼藉的。缺少關於彼此教學表現的第一手資料，我們用人為的學生問卷來取得只有透過個人的接觸才可能獲得的資訊。

「評鑑」教師教學的一般作法是在學期快結束時，給學生一份標準化的問卷，這份問卷把複雜的教學活動簡化為十到十五個面向：「教學清楚且準確」、「教學內容組織得當」，或「對學生的評分有清楚及客觀的標準」等等，然後讓學生從一到五的次第評分。

老師們有理由因為這種簡單化的評估方法而士氣消沉。精緻的教學藝術根本不是這種方法所能評量的，沒有一種統一的量尺能同等地運用於千變萬化的優質教學。但是，如果我們堅持關上門來教學，別人除了在學期末從門上的氣窗投入問卷來了解我們的工作，又能有什麼其他的辦法呢？現行的評量方法不只是行政措施上的失誤，如很多教授們一直抱怨的，但它也是因為教授們讓行政人員因

無計可施而採取的權宜之計。

可悲的是，這種評估手段的局限性卻十分可笑地被接受，對它的結果的運用也常是隨心所欲，指鹿為馬。如果我們要解聘一位教學很好，但研究論文發表有欠缺的教授，我們就說，這樣的評鑑只是測量了老師受歡迎的程度；如果我們要晉升一位教學不好，但發表大量論文的老師，我們則說，這樣的評估沒有反映出教授在教學中嚴格的學術性。

只有一種評鑑方法可以測量千變萬化的優質教學和其間的精微差異，那就是：你必須在教學的現場。我們必須互相觀摩，至少偶爾要這樣做。而且我們必須花更多的時間交流教學的心得，這樣，當我們必須就升等和永久聘書做出決定時，我們才能掌握真實的資訊，而不是根據被我們操縱的虛假統計資料來做出決定。

我知道，繁忙的工作日程使我們不能經常互相觀摩。但是，如果我們持續地就我們的教學不時交換意見，那麼當做重大決定時，我們也能對彼此的教學有足夠的了解來回答有關教學的重要問題：

- 這位教授是不是很重視他的教學，所以常常參與關於教學的對話？
- 這位教授通過哪些步驟完成一堂課的設計？
- 這位教授如何應對教學過程中出現的問題？
- 這位教授能不能從以前的失誤中吸取教訓以改進今後的教學？
- 這位教授是不是願意幫助別的老師改進教學？

對一位渴望得到支持和成長機會的老師來說，參與教學法的對話不是一種可有可無的選擇，而應該是學校對所有具教學任務的老師的要求。因為教學的個人化不僅限制了老師的專業成長，也影響

了學校的教育功能。教學私有化使學校不能充分地完成其教育使命。

任何行業的專業成長都有賴於從業人員尊重並分享他們的專業經驗，我們透過個人的試誤（trial and error）過程成長。但是，如果沒有一個群體支持我們冒著失敗的危險進行試誤的話，我們可能沒有試誤的意願。當任何一項功能被個人化時，最常見的後果是人們將循規蹈矩地執行這項功能，即使傳統的作法已經明顯沒有「成效」，人們仍不願越雷池一步。

這種避免冒險的保守主義是對我們的教學再恰當不過的描述。與其他專業相比，教學因為其個人化而進步緩慢。如果醫學和法律也與教學一樣個人化的話，我們今天很可能仍用螞蝗放血或用私刑把被告沉塘。

在我們的同事身上，有為我們成長所預備取之不盡、用之不竭的源泉。我們怎樣才能走出個人化，並與我們的同事進行持續性對話，而從這些源泉中支取成長的資源呢？我們應該交流優質教學的心得，因為它不但改進我們的教學實踐，也改善了決定教學品質的自我。

接下來，我將探討對話的三個要素，來鼓勵教師之間的對話：能讓我們超越教學手段關注教學基本問題的對話**話題**，不讓我們因對話而沮喪，從而使對話能深入進行的對話**規則**，以及期待和邀請我們加入對話的**領袖**。

對話的新話題

我們試圖把教學問題簡化成方法的傾向，使教師之間不能有深入的對話。雖然有關教學方法的對話為我們提供了「可行的」解決

問題的方法，但如果它是唯一話題的話，對話的內容很快就會枯竭：忽視教學有關人的議題時，也忽視了人。當教學被簡化為方法時，教師和教學也被矮化了。很少有人願意就矮化自己的話題，進行長久的對話。

除了僅談論教學方法外，我們還有什麼可談呢？我們可以有多種多樣的話題，並且我們也已經涉及到一些了。如同我們在第一章中所談到的，我們可以談論啟動我們內心教育熱情的導師和學科。如在第二章中我們所做的，我們可以談教學情境中教師和學生的情感。如在第三章所談的，我們可以從矛盾的原則來談論教學的得失、我們教學的天分和局限，並如何創造學習的空間。如第四、第五兩章中所涉及的，我們可以談論有關求知之道及它如何影響我們的教學。

在這一章中，我想再引入兩個有助於提高教學品質及教師自我的話題：教與學的關鍵時刻，以及能激發教師自我的比喻和意象。

「關鍵時刻」是我在研討會中用來邀請老師們公開並誠實地分享他們教學經歷的簡單有效的方法。我在黑板上畫一條水平的直線，代表一門課的始終，然後我要求老師們在線上指明他們上課時所經歷過的關鍵時刻。關鍵時刻指的是老師的教學中決定學生學習成敗的轉捩點部分。這裡所謂的「部分」，是一個關鍵的界定詞。因為教師的職業之所以富有挑戰性，就在於不是所有關鍵時刻都在老師的控制之下。

老師們線上所指明的關鍵時刻各不相同。每當有一位老師指出一個關鍵時刻，我就把它標明在教學進程的直線上，用一個簡單的字來命名它。不一會兒，線上的點就集中在每一位老師都熟悉的某些場合：開學的第一堂課以及在這堂課上為整個學期定下的基調；第一次一個「愚蠢」的問題在課堂中被提出；第一次評分的作業顯

示了學生們對這門課所知之甚微;第一次在課堂中出現的對老師能力和權威的挑戰;第一次在學生之間爆發的爭論;第一次有關性別或種族議題的出現。

並非所有的關鍵時刻都涉及分歧和焦慮,有一些是令人振奮的:比如你的學生對某一題目的理解如此完備,你必須提前引入新的內容;或者是學生之間的對話如此流暢,竟讓你無置喙之處;或是某一重要的變化出其不意地發生,讓你原定的教學計畫不得不廢棄不用。每一個這樣的時刻都充滿了教學的玄機,但是每一個這樣的玄機都可能因為老師的不慎而錯失。

當老師們就關鍵時刻暢所欲言時,有一個簡單而至關重要的現象開始變得鮮明:老師們公開地談論自己敗走麥城的經歷,如同他們談論自己過五關斬六將的經歷一樣輕鬆。這正是我們在專業成長上彼此幫助所必須有的狀態:對我們在教學中的成敗有同樣公開和誠實的心態。

如果我要求老師們直截了當地說出他們在課堂上的窘困經歷,我們可能永遠不會(至少不會這麼快)就能達到這樣坦率的程度。可是用這種開放的、無傷大雅的練習,卻能讓人們坦誠相見,因為人們可以自願地描述他們在教學中的得失而不被論斷。

在引導這場討論時,我試著讓每個人只談論他們自己的教學經歷,而不是對**別人**教室內的教學評頭論足。偶爾,有的人會越俎代庖,我就會制止這樣的作法。透過對關鍵時刻的討論,我們可能覺得這是和自家人在說話,一個群體的感覺就開始滋生,因為我們發現我們都有共同的經歷和感受。特別讓我受到感動的是,年輕教師會發現原來資深教師也經歷他們以為只有他們才會有的困惑。

隨著課程教學的伸展,原來的時間直線變得越來越不像是一條直線,而像是一幅地圖。在有些地方,時間直線周而復始地把課程

中的兩個關鍵時刻連結起來了。而有的時候，時間直線則延展到課堂外影響課堂教學的事件（如在學生宿舍中的衝突、校園中發生的不幸事件，或是即將到來的重大比賽）。面對這錯綜複雜的教學流程圖，我們會了解到一件讓我們又驚又喜的事實：我們原以為平淡無奇日復一日、課復一課的教學，原來是這樣一種充滿了我們必須留意的節奏、結構和形態變化之複雜的生活模式，是這樣一種我們可以學會享受、富有創造性的無規則狀態。

注意複雜的教學活動中的細節，自然而然地把我們引入這一活動的下一步。透過研究時間直線及其提供的資訊，我們把相似的關鍵時刻歸成一類：這是發生衝突的關鍵時刻、這是關係到教師權威的關鍵時刻、這是理論聯繫實際的關鍵時刻等等。

我要求老師們選擇自己最感興趣的一組關鍵時刻加入小組討論，讓他們分享他們在處理這樣的關鍵時刻時成功或失敗的經驗。小組討論的目的不是批評別人的作法，而是誠實地說出自己的經驗並傾聽他人的經歷。在這樣的討論中，我們勢必會談到方法的問題，但卻又不是用簡單化的方式來討論方法的問題。我們彼此學到了很多不同的處理方法，但卻不必認定**某一**特定的方法是應對這一關鍵時刻的最佳方案。

小組討論並不止於方法。當我們傾聽別人的故事時，我們經常默默地反思並梳理我們作為教師的自我。當甲老師發言時，我意識到他的方法可能不適用於我，因為我與他有不同的自我；可是乙老師所用的方法我倒很願意試試，因為我覺得這方法符合我的自我。這樣，我們之間的對話就恰如導航員用的三角測量法：參照別人的位置使我們對自己在教學領域中有更準確的定位。而在這過程中，沒有人被告知他必須移動到一個新的位置上去。

我還想再建議一個關於優質教學的對話話題，一個能更直接地

進入教師奧祕的自我形象的話題：找到並理解我們用來形容自己教學得心應手時的比喻。

在為老師舉辦的研討會中，如果時機成熟，我有時會要求老師們做這樣一道填充題：「當我教得得心應手的時候，我像一個＿＿＿＿。」我要求人們不經過深思熟慮地填入他們心裡想到的第一個比喻。

這個活動的重點是讓比喻揭示人們的潛意識。不論這一比喻是多麼荒謬可笑，它包含著我們從不為人知的理性心智。並不是每一個小組的討論都能達到這種自我反省的探險所要求的深度，但是如果人們不在意在同事面前自曝其醜，這一活動中對於他們對自我的理解是大有助益的。

我可以透過我對自己所做的比喻來說明這一活動的風險和得益。我是從二十多年前一個我已淡忘的情景中得到這個比喻：當我教得得心應手時，我像一條牧羊犬。不是那種高大的、毛茸茸的、人見人愛的牧羊犬，而是那種以養羊為業的國家中才可以見到的那種盡忠職守、看管羊群的大型牧羊犬。

我曾經在蘇格蘭的山地見過這樣的狗。那時我沒有想到教學，但是那個意象可能就在那時植入我的心中。當我在研討會中詢問其他教師和他們相關的事，我開始理解這牧羊犬的意象對我的自我之意義。

不管是不是真的，在我的想像中，牧羊犬有四個最主要的功能：牠為羊群圈定了牧養的地界；牠找回走失的羊，把羊群圈定在這地界之內；牠保衛這一地界不讓獵食動物侵入；當一塊牧場的草吃完了，牠隨著羊群遷移到下一塊能餵養羊群的牧場。

當我剛開始想到這個比喻時，牧羊犬的意象所代表的意義並不這麼清晰，可是現在我引入這一比喻的意圖卻變得十分明顯。把自

己比作粗魯勞苦的牧羊犬，我逐步形成了我在前幾章中論述的對教學的精細定義：教學是為求真的群體創造實踐求真活動的空間。

我逐漸看到，我在教室裡的責任與這想像中的牧羊犬有幾分相似。我的學生必須學會餵養自己，這叫主動學習。如果他們這樣做，我必須把他們帶到有草的牧場，包括好的教材、精心設計的練習、啟迪思維的問題，和有序的對話。然後，如果他們完成了那一階段的學習，我必須把他們領到下一個學習的場所。我有責任把學生限定在這一學習範疇之內。特別要注意那些迷失了的學生。在所有這些活動進行的時候，我要保護我的學生不被外來的侵入者（如恐懼）所傷。

其他老師是不是也應該這樣教呢？我不知道。這個比喻來自我的潛意識，所以，它樸直地反映了我的自我和自我的整體。在我領導的研討會上，人們提出了許多關於自己教學富有意義的比喻——他們把教學比作瀑布，比作登山指南，比作園丁，比作氣象系統等，沒有一個是適用於我的。優質的教學不僅僅是方法問題：優質的教學來自教師的自我和對自我的統整。

我們可以透過對比喻的進一步探討，更深入地了解自我。首先，透過這個比喻不僅看到我們的長處，也看到我們的不足。正如我們已經看到的，自我與統整所代表的不一定是一團光明。

這一比喻所揭示出的影陰面也是顯而易見的：我有從貶抑的角度把學生看作「綿羊」的傾向。有時我為學生無所用心、俯首貼耳、過於馴良而生氣。如果我讓這一陰影落在我和學生之間，我不可能教得好。要是牧羊犬的比喻能讓我對自己自我中的陰影保持警覺，這對我和我的學生已經是功德無量了。

其次，從我們對教學的比喻和其他老師的幫助中，我們可以找到對教學困境的解決方法。回想一下我在第三章中提到的我和「三

人幫」在課堂上的遭遇，我可以非常嚴肅地問自己：「在這樣的情況下，牧羊犬會怎麼做？」然後盡可能真實地從牧羊犬的角度回答問題，盡可能避免淺嘗輒止的解決問題之道。

對這個問題的回答植根於我內心深處對教學的一個比喻，它讓我在遭遇困難時不再急急忙忙地尋求一個解決問題的快捷之道，而是讓我返回內心的自我，從那裡找到問題的根源及其解決的辦法。

對我與三人幫的問題之解決方法似乎十分獨特，我不應該讓她們把班級搞得四分五裂。一條牧羊犬會及早地、經常地吠叫，驅趕那想要離群而去的羊隻，不讓牠們變成害群之羊。如果數次警告之後，牠們仍然我行我素，牧羊犬可能由牠們去面臨被狼吞食的危險，而不是像我那樣為牠們而犧牲了羊群中其他的羊。

一條牧羊犬在事態失控之先，就必須有「愛之深，責之切」的舉動，而不是一味地充當「好好先生」。這一比喻可以轉化為許多實用的舉措，例如，更直接地面對學生的行為，在必要時用分數來改變他們的行為等。但是，我在這種情境中所需要的指引以及實踐這一指引所需的力量，卻來自對教學的比喻所包含的心理力量。

對話規則

對話的新話題能為我們創造改進教學的對話機會，但是這還不夠。這些話題不同於我們關於教學方法的對話，讓我們能保持我們之間的距離，它們可能讓我們易受傷害。所以要就這些話題對話，我們必須遵循一套新的對話規則，這些規則讓我們能彼此尊重我們的脆弱性，使我們的對話不至於無疾而終。

要是沒有新規則的話，我們將自然而然地歸返我們文化中關於對話的潛在規則。在我們的文化中，這些規則包括說話要彬彬有

禮、「不涉及他人隱私」、給他人留下質疑的空間等。在學術界，除了這些規則之外，又加上了對話要鼓勵競爭、質疑對方的觀點、對所聽到的要做反向思維，並隨時準備做出快速反應等一些新規則。

這些規則的大雜燴是製造混亂的萬驗靈丹。一般規則中所要求的彬彬有禮，與職場中的競爭體制融為一體，就創造出一種言者危、聽者藐的氛圍。然後，我們又加入隱含在一般規則和職場規則中的另一套規則，以進一步加劇規則的混亂，以及隨之而來的人人自危的局面：我們來到人世間就擔負著指導他人、修正他人、拯救他人的責任。一旦這樣的機會發生，我們一定不會放過。

一旦我們中間有人破壞了對話的一般規則和職場規則，開始自由地談論他們在教學中所遇到的困難時，我們這種「挽狂瀾於既倒」的反應就不由自主地被激發。當某人違背了要求我們既要節制又要競爭的規則，而將自己暴露在眾目睽睽之下時，他馬上就會收到這樣的忠告：「我也有過這樣的問題，我是這樣解決的。」或是「你必須看一下某某寫的書，它會告訴你在這樣的情況下必須怎麼做。」

有時這樣的忠告是出於幫助別人的善意，但有時這樣的忠告只是為了讓我們覺得自己高人一等。在這裡，動機並不重要，因為這樣做的結果總是相似的：問題這麼快就解決了，這讓提出問題的人覺得還意猶未盡，卻已經被打發了。

如果我們真的希望在我們的內心生活中相互扶持，我們必須記住一條簡單的真理：我們不期望我們的內心感受被指導或修正；我們希望能被理解。如果我們想深入他人的內心，那還有一條真理也是必須牢記的：我們的內心有如一頭野獸——倔強，活潑，但又羞於見人。如果我們貿然地闖入牠棲身的叢林，想把牠驅趕出來並幫

助牠，牠會深藏不露。但是如果我們能耐心地、安靜地等一會兒，牠反而很可能現身。

我們需要有對話的規則，讓我們能以安靜開放的心態來了解他人的問題，讓他人的內心能自然流露。這種心態不以為自己對他人的問題有現成的答案，而是讓別人以自己的方式來找到解決問題的答案。

我對這種和諧共處的關係有過一些親身的體驗，那是我在貴格會（Quaker）一個小組裡的經驗。貴格會實行這種沒有專門神職人員充當教會領袖的管理模式已有三百多年了，為了履行許多在一般教會中牧師或其他專職神職人員的職責，例如關懷會眾在生活中所遇到的問題，貴格會必須形成一種社會結構，使其成員可以互相關懷、互相幫助。

貴格會的社會結構和基本規則都遵從這樣一組強有力但又看似矛盾的貴格會信條：每個人心中都有一個判斷真理的內在教師；**而且**每個人都需要一個願意給予並願意接受的群體，才能聆聽到這位內在教師的聲音。所以，貴格會形成了幫助會眾發現來自內心指引的社會結構，又防止外在力量粗暴干涉內心生活的對話規則。

我從貴格會學來用於老師間的對話的方式稱為「傾訴式漫談」（clearness committee），這名字聽上去像是來自六〇年代，沒錯，是一六六〇年代。這是一個歷經時間考驗的程式，它吸引人們就個人的問題互相幫助，同時又實踐內心生活神聖不可侵犯的原則。

比如我正為教學中的某個問題所困擾，或者是如何設計下學期要上的一門課，或是如何控制我對班上一位調皮搗蛋學生的憤怒（前一類的問題可以與大多數的老師一起探討，因為它只要求人們有基本的信任；後一類的問題只宜在已經建立了相當程度的互信的同事中討論）。

　　帶著這樣問題的我，在傾訴式漫談中被稱為焦點人物。我邀請四至五位同事參加我們的傾訴式漫談。在我們會面之前，我寫下了幾頁我的問題供他們閱讀。我所寫的沒有固定的格式，不過如果按以下三個要點來組織的話，一般會很有幫助。第一，關於問題性質的清楚描述；第二，有關這個問題的背景脈絡，如之前我在類似問題中的經歷；第三，有關這個問題的前景展望，即這個問題將給我帶來什麼樣的影響——比如，我發現這一問題令我如此沮喪，以致我考慮掛冠而去。

　　人們常說，傾訴的第一步是把問題書面化。這樣做能幫助我們簸揚我們的感情和事實，篩去無關緊要的東西，並把頭腦中的問題公開化。我們會發現，這時候的問題與我們在焦慮和疑惑中翻來覆去地思考的問題顯得很不一樣。

　　然後我們不受干擾地交談二至三個小時。我們與焦點人物坐成一圈，每個參與者都全神貫注於焦點人物及他的問題。在這二、三個小時中，焦點人物就成了這個微型求真群體的中心，成為那值得尊重的偉大事物。

　　全神貫注意味著只有焦點人物及其問題處於對話的中心，其他成員不試圖占據這個中心位置。這意味著其他成員不為可笑的事哄堂大笑，不急於安慰處在痛苦中的焦點人物，也不會虛假地對焦點人物的內心關注表示認同（「我很清楚地知道你的感受」）。全神貫注意味著你忘記了自己，在這二至三個小時中，除了焦點人物，你毫不在意世上其他的事。

　　談話開始時，焦點人物把問題簡單地複述一遍。之後其他成員參與進來，嚴格遵守一條基本的、不容妥協的對話規則：**除了開誠布公地直接向焦點人物發問，不能論及其他任何問題**。談話的進展必須是緩慢的，這是一個分析的過程，不是論文答辯或是追根究

柢。焦點人物一般是大聲地回答所提出的問題，但是也可以有選擇地回答某些問題。在問題與問題之間留下長時間的靜默，使整個對話過程從容不迫，並尊重參與者。

這個問問題的規則看似簡單，真的實行起來卻不太容易。這意味著其他成員不能好為人師，不能過度認同（「我也有過這樣的問題，我是這樣做的」），不轉移矛盾（「你必須與某先生談談這個問題」），不建議焦點人物應該說什麼或用什麼方法，也不推薦靜思法或心理治療。參與對話的人只是坦誠地向焦點人物發問，所問的問題不是為了推銷發問者自己想要討論的話題，而是幫助焦點人物從內心尋找智慧。

傾訴式漫談開始之前，我們必須互相提醒怎樣的問題是坦誠的，以防止老奸巨猾如我輩假問題之機、行勸說之實。如果我說：「你是否已經考慮去見一位心理醫師？」我的言下之意是我認為你應該去看心理醫師。如果我提出問題後，期望聽到一個我認為是「正確」的答案，我的問題就不是坦誠的。但是如果我問：「這樣的事以前在你身上發生過嗎？」如果發生過的話，「你那時感覺如何？」我的問題就可能是坦誠的。對這樣的問題，我不可能期望聽到一個特定的回答，也不可能判定聽到的回答是不是「正確」。

在兩小時的對話過程中，這樣的回答可以產生很顯著的累積效應。隨著焦點人物緩緩地告白真實的內心，他與他內在教師之間的隔閡慢慢除去了，讓他可以更清楚地聽到來自內心的指南。

隨著對話的展開，我們也越來越清楚了一個簡單的真理：我們不能完全進入他人的內心，所以我們不能知道對他人問題的答案。實際上，我們連他人的問題都不一定清楚。當我參加傾訴式漫談時，我常常提醒自己記住這一事實。往往談話進行了十分鐘，我們就以為自己已經知道別人的問題所在，並試圖越俎代庖。可是在兩

小時的深入對話以後，我會為自己早先的自以為是而羞愧，因為我現在看到了，我根本不了解他人的問題。即便我了解了，我對問題的抽象了解對解決問題也是無濟於事，除非問題的主人對問題有所了解。

參與了多次的傾訴式漫談，我有幸見證到人們與內在教師驚奇的對話。對漫談中心的焦點人物的觀察，為我提供了生動的證據，證明我們內心有一位良師，我們所需要的只是一個讓我們能與他對話、向他學習的環境。

其他成員從對話過程中所學到的雖未明言，但卻也是重要的。當我們嚴格地遵守只提問題的對話原則時，我們向別人打開我們的內心空間；而當我們試圖越俎代庖或對他人的問題頤指氣使時，這一空間是關閉的。參與對話的成員常常會談到，他們在漫談過程中所發展的接納他人的空間，會伸展到他們對配偶、孩子、朋友和學生的關係中。

同時，這一空間也像接納他人那樣地接納我們自己。當我們所提的問題越來越深入焦點人物的真實內心時，我們發現，我們也越來越深入到自己的真實內心。當對話結束時，我們這些真心關注他人問題的人會發現，我們對自己生活的某些層面也有了更深刻的了解。

在對話結束前十五分鐘左右，參與者可以詢問焦點人物是否願意繼續遵守只問問題的對話規則，或是他也願意聽取其他人對他的問題的一些反思（mirroring）。

反思並不意味著我們耳提面命的機會終於來了，反思只是幫助焦點人物思考他在談話中表現了他自己未意識到的內容。如「當問到 A 時，你說到 B」，或是「當你談到 X 時，你的聲音降低了，你似乎累了。可是當你談到 Y 時，你的眼睛發亮，彷彿你的力量又

回來了」。

人類有一種奇怪的自信，好像只要我們所說的，我們就一定都理解。其實並不都是如此，我們可能並沒有聽見自己所說的，即便聽見，我們也不一定理解它的含義。反思幫助我們從自己的言談中找到解決問題的表達或沒有表達的線索。

當傾訴式漫談結束時，我們還要記住兩件事。其一，對話的成功與否不取決於焦點人物的問題是否「解決」。實際生活常常並不是如此簡單。對話的過程只是播種，就像真正的教育過程一樣，我們不可能知道這些種子在何時何地將如何發芽成長。

其二，談話過程的所有內容受兩條隱私規則的保護。第一條是眾所周知的規則：不向未參加對話的任何人透露談話的內容。第二條是不同以往的、更深刻的隱私規則：談話一旦結束，對話參與者不再進一步給焦點人物提出建議和忠告，因為這樣做違背了對話的真諦。一旦這些規則預先聲明了，焦點人物便能暢所欲言，而我們也被提醒，即使對話已經結束了，我們仍要尊重他人內心的隱私。

當我把傾訴式漫談運用在教師研討會時，即便所討論的問題是平淡無奇的（如新課程的設計），參與者也會告訴我，他們從未體驗過如此深刻地聆聽他人也聆聽自我。這種「聆聽他人」的能力是激發群體對話的關鍵，它能幫助我們深化優質教育的源泉——我們的自我及自我的完整。

當然，還有其他不那麼激烈、不那麼投入的對話方式及規則——傾訴式漫談不是唯一的萬驗靈丹！但正因為它不同凡響，這一方式更讓我們看到改變對話規則的必要性，以及怎樣的新規則能讓我們重建我們在傳統的對話規則下正在失去的群體。

需要領導能力

當我們談到領導能力，我們傾向於在「**群體**」和「**組織**」之間做一比較。前者是無領袖的一群人，後者是需要領袖的一個團體。其實我們也可以反其道而思之：一個組織即使沒有領袖仍可以循其管理規則運行一時，但一個群體倒是一個充滿變數的動態，在每一轉折之處都需要領導。

群體不會因為一些隨機的人際關係的互動就自發地形成，尤其不會在大多數老師所工作的那種複雜而又充滿衝突的情境下形成。如果我們想要形成一個群體空間，在其中我們可以有意識地遵循對話的規則，對有關的教學話題進行探討的話，我們需要有能吸引人們追隨以實現這一目標的領袖。

如果校長、院長、系主任，或其他雖不在其位卻有影響力的人不**重視**關於教學的對話，或是不**邀請**老師來參與這樣的對話，這樣的對話是不會發生的。「重視」和「邀請」是兩個重要的動詞，因為被主管強迫參加的對話是註定要失敗的。加入對話必須是老師自己的選擇——但在個人化的學術界，只有主管的邀請才能讓老師走出自我隔離，有建設性地運用他們的學術自由。

對這樣的領導能力更精確的定義是：為人們提供理由或機會，使他們能做他們想做卻又不主動做的事情。讓我們暫時走出學術界，我將一步步地解釋我對領導能力的定義。

有一次，我在一個社區裡充當社區的組織人，這個社區在歷史上是白人占主導地位，但現在逐漸轉變成多種族雜居。有些老居民對自己社區中的種族變化十分排斥，一些種族主義的跡象已經顯露出來了。我和社區中一些資深的領袖們必須找到一個方法讓居民們

知道，多種族群居對社區的將來是好處大過壞處。

　　像其他的組織者一樣，我們所知道的領導能力是基於敵友的劃分：找到與你有共同利益的同盟軍，然後運用你們集體的力量使對方邊緣化或擊垮他們。然而，隨著我越來越深入了解這個社區，我發現了一個充滿希望的事實：並非所有白人都站在我們的對立面。

　　他們之中不少人已經有過至少一次從多種族群居的社區中逃離的經歷，他們厭倦逃離，因為他們知道無處可逃。他們希望能讓自己接受多元文化，並盡可能地享受這種面臨變化的社區。實際上，他們當中有許多人對多元主義的接受程度遠超過人們所想像的。

　　無論在表面上或是在人們對他們的成見中，他們有多麼排斥多元主義，實際上卻是他們希望能找到一種適宜於他們社區的生活方式。他們有「切身利益」讓他們相信多元文化的可能性。如果他們能呵護這一份信心，並運用於積極的目標，就不必疲於奔命地逃離到隔離主義的海市蜃樓中。

　　作為組織者，我們需要做的，不是基於表面上對多元文化的恐懼，而形成黨同伐異的策略。我們需要的策略是基於人們內心中未表明的希望，給他們理由和機會做他們想做又不知道如何去做的事。

　　在我們為他們預備的理由和機會中，最有效的一個是為社區服務。我們知道當人們有機會與陌生人接觸，發現陌生人不但頭上沒有角，反而可能擁有不少天賦和才幹時，他們之間的恐懼感就消退了。所以我們相信，如果老居民們能拜訪他們的新鄰居，做自我介紹，對新居民表示歡迎，並詢問他們在新家的生活情況，老居民們心中的不安可能會減低。但是，要求人們這樣做無異於要求他們飛上月亮。

　　於是，我們假裝要蒐集有關社區的資料，要求社區中的教會和

聚會所的老居民們，帶著書寫板和列了一長串問題及態度量表的問卷，去拜訪他們的新鄰居，做自我介紹，對新居民表示歡迎，並詢問他們在新家的生活情況！讓人們手持書寫板及問卷充當研究人員，給了他們理由和機會去做世界上最平常不過的事：拜訪你的鄰居。

當這些「研究人員」探訪回來時，他們所帶回的資料固然有價值，但是，他們同時帶回了遠比資料更重要的東西：與他人面對面的接觸，以及他們所聽到有關新朋友的個人故事：「她的孩子可愛極了」、「他們希望更了解我們的教會」、「我這才知道他也參加少年棒球聯盟的活動」。這些接觸和個人的故事激勵社區的宗教團體籌款成立一個基金，用來組織活動讓社區更緊密地團結在一起。

這個故事似乎與教育不太相關，但是它卻說明了教育需要什麼樣的領導能力。如果領導人要開啟有關改進教學的對話，他們應該小心地辨別老師們所說的和老師們所要的之間的不同，然後提供理由和機會滿足他們心中所要的。

有的老師似乎並不關心教學，也不關心有關教學的對話。做研究並發表論文、在專業組織中的服務、與學科領域中著名學者交流合作，這些才是他們的興趣所在。在他們看來，教學不過是他們不得不幹的活，是他們為了能從事學術研究而不得不付的代價。所以，要他們為改進教學而付出任何額外的時間和精力，其可能性是微乎其微。

儘管這些老師嘴上這麼說，我仍不相信這是他們內心的全部，正如我不相信對多元文化的排斥是那個社區居民內心的全部一樣。我相信每一位做老師的都十分看重教學，以至於一旦教學不如人意時，他們便採取一種自我疏遠的保護機制。

是的，許多老師把主要的精力和時間花在教學之外的活動上，

但他們仍把生活中極重要的一部分花在課堂教學上。讓這部分的生活產生最優化的結果對他們有切身的利益相關，因為他們把自己與年輕學生的生活有機地聯繫在一起，因為他們希望生活富有生機，而不是死氣沉沉。

學術界的領導能力意味著能透過我們所戴的面具看到我們真實的景況，意味著對教師的了解甚至超過教師對他們自己的了解，正如老師們了解學生甚至超過學生對自己的了解。領導能力也意味著讓那些想要豐富他們教學經驗、卻不知如何開始的老師能有理由和機會這樣做。

今天，這樣的機會是普遍存在的。在不少校園中，校方為教師舉辦一年一度的教學培訓，讓他們有理由一起討論教學。這是一個好的開端，但是還遠遠不足。越來越多的大學設有教學中心，它們的目的與一年一度的教學培訓一樣，但能產生更恆定持續的效果。如果選擇了重要的對話題目，並遵循誠實對話的規則，這樣的機構有很大的潛力。

還有一些尚未普及的對話形式，值得我們推廣到其他校園中。有一個學校設立了「教學諮詢者」的職位，每年有一位受敬重的老師擔任這個職務，他的服務計入授課時數的一部分。

這份工作分為兩個部分。一部分是幫助那些在教學中需要幫助的老師們，或是幫他們準備教學大綱，或是處理緊急問題，或是觀摩其他老師的教學並幫他們改進。另一部分的工作是注意學校裡正在發生可能對教學有影響的事件，然後提供機會（例如，非正規的社交時間或正式的教師培訓等），讓老師和學生來討論他們所關注的問題。

學校對教學諮詢者這樣的職位所需投資的並不多，但受益卻不少。當一位教師帶著教學上的困惑走進教學諮詢者的辦公室，聽到

這位受敬重的教授說：「讓我們談談。」這件事本身正是這位教師心中想做的。

另一所大學找到了讓老師之間更經常地互相觀摩但又不加重老師已經很繁忙的工作日程的辦法。在學期中或期末時，我邀請一位同事在我班上觀摩了三十分鐘到一個小時，在我離開教室後，這位同事與我們學生座談以了解教學的進展。他不但在座談中提問，也一併了解教學中複雜的細節。事後，我們兩人坐下來，由他幫助我分析學生反應中的資訊。

這個方法不但讓老師們能互相了解彼此的教學，也給了他們與學生對話的機會。敏銳的座談形式也讓學生說出問卷不能測到的他們對教學更生動、更精細的感受。而且，這不僅讓學生們能分享他們的感受，更有可能讓學生們重新審視他們在課上的經歷。坐在後面感覺度日如年的學生，現在必須聽聽坐在前排的同學述說在課堂上脫胎換骨的體驗。

另一所學校找到了讓學生更積極參與關於教學的對話方法。在這裡，學校要求選修教育課程的學生到一些他們未選的課上扮演主動觀察者的角色，幫助他們學會怎樣觀察和評估教學過程的開展。

每一、兩個星期，學生們與他們所觀察的任課教授座談一次。學生可以從自己的角度或是從道聽塗說而來的他人評論，來談談在課上的感受。他們也可以對教學的過程加以評論（「您像是只和幾位學生有交流」），或是對重大問題提出建議（「您可能要在今天所講的內容上再多花些時間，我覺得有些同學還不太理解」）。有些教授會覺得這樣的對話很有價值，他們甚至主動尋求這些主動觀摩者的建言：「對昨天課上發生的衝突，你是怎麼看的？」或「如果有的學生還沒有完全掌握這個題目，但我必須轉進到下一個課題，你們有什麼建議？」

　　關於優質教學可以有多種形式並涉及許多參與者，它也可以改進教學。但是，只有當領導者期待這樣的對話、邀請人參加這樣的對話，並為對話創造言無不盡的環境時，對話才有可能發生。這樣的領導者明瞭良善之領導能力有時表現為一種形式的教學，他們的領導模式遵循著我們對教育所下的定義：以教與學這一偉大事物為核心而創立求真群體群聚的空間。

　　要成為這樣一位創造空間而不占據空間的領導者，必須走過我們在前幾個章節中描述過的心路歷程。這是把我們引出恐懼、走進完整自我的心路歷程，是引導我們尊重非我，並理解我們與非我連結及內心豐富資源的心路歷程。隨著內心素質的深化，一位領導者就更具備創造讓人們樂於加入並在其中互相支持的求真群體。

　　由於我們之間種種製造分裂的因素，在學術界要創立這樣的群體空間並非易事。創造這樣空間的最佳時機，是領導者召喚我們重歸教與學的核心，讓我們能分享我們的工作，以及我們在工作中所共有的使命感。這樣的對話空間一旦創造了，不但能讓我們互相支援以發展教學能力，也能癒合老師經常感受到因分裂而造成的創傷。

　　在這一章開始所引的卷首詩中，在《過去和將來的國王》一書中，梅林談到他作為亞瑟王的引路人，在造就他成為一個領袖過程中的作用，以及他對亞瑟王所經受的悲傷和痛苦所給的忠告。這些話值得我們重讀一次，因為對每個熟知教師生涯的人來說，他所形容的狀況是如此的熟悉，而他為這些狀況所做的忠告正是教育要完成的使命。

　　　「悲傷的最好結果是，」梅林回應說，「人從悲傷中有所得著，這是百試不爽的。你可能變得老態龍鍾，你可

能百病叢生，徹夜不能入眠，你可能會看著你周圍的世界被心智不全的人弄得亂七八糟，你可能知道你的榮譽和聲望正被一些心靈卑劣的人踐踏。但是有一件事正在其中等著你——那就是學習。你可以從中了解世界為什麼變成這樣，是什麼把世界變成這樣。在這件事上，你的心靈永遠不會枯竭，永遠不會疏離，永遠不會被困擾，永遠不必恐懼或懷疑，永遠不必後悔。學習是你的宿命。」

如果領導者和老師們，如果每一位與教育相關的人（包含行政主管、教師、學生等），都能把這些忠告銘記於心，我們便能有機會走出傷痛，擁抱新生命，因為在群體中的學習是我們大家共同的宿命。❉

第 七 章

不再分隔
滿懷希望的教學

Divided No More
Teaching from a Heart of Hope

◇　　◇　　◇

一次一個，
它開始於你因為關心而採取行動，
開始於你遭拒絕後而屢敗屢戰，
開始於你說「我們」
並知道你所指的是誰，
並且每一天都有新人
加入「我們」。

——Marge Piercy，〈卑微之路〉（The Low Road）

壅滯、絕望、希望

在這最後一章中，我們把注意力從教學實踐轉向教育改革：有沒有可能把我們對教和學最深邃的理解，體現在一個社會變革中，讓教育重獲新生呢？

對我來說，這不只是一個理論的問題，因為它來自令我兩難的個人經歷。我到全國各地與老師們討論他們的教學實踐，遇到了許多熱愛教育並急切要改革教學的老師們，但是，我們的談話常常以一個令人沮喪的結論作結。

無論我們的談話是如何地滿懷希望，無論我的許多同行中有多少位接受了教育的新理念，無論我們在對話中發現了多少教學實踐的可能性，到頭來一定會有人說：「聽起來真不錯，可是在我們學校的實際情況中，一定會碰得頭破血流。」

隨之而來的，一定是學校環境對改革所設的重重攔阻的抱怨：校長或院長不是教育家，倒更像是商人；教學負擔太重；班級太大，所以品質不可能保證；學校雖然聲稱教學重要，但其獎勵機制卻重研究、輕教學；學校有限的資金不是用在教學上，而是更多地流向行政管理、研究經費或是校舍建設。

當我聽到老師們所感受到的無奈時，我無法不深感認同，所以，我不得不問自己，這樣的悲觀主義是不是合理的？如果是的話，我似乎不應該繼續鼓吹有關教學改革這種虛假的希望。

假定學校確如悲觀主義者所說的那樣，強力地反對改革，問題就變成了：「面對社會現有機制強烈的反對，社會改革有沒有成功的例子？」答案是十分清楚的：**只有**在面對社會機制的強烈反對時，社會改革才可能成功。如果現有的社會機制已經有持續更新的

能力，我們永遠不會遇到需要改革的危機狀態。

　　對現有機制阻力的反制是以社會改革運動的形式出現，這也就是本章的重點。但是，在我們把改革運動與現有機制兩極化之前（又一個非此即彼的例子），我想指出這兩者之間既矛盾又統一的關係，指出這兩者的共生才是一個健全的社會所要求的。

　　現有社會機制與社會改革運動同時扮演重要的角色，但是趨於不同的目的。機制代表著秩序與保持現狀：它們是社會用來保存歷經千辛萬苦而積累的社會財富的容器；而社會改革則代表流動與變化：它們是社會調節其能量以維持日日常新狀態的管道。一個健康的社會需要這兩者的共同作用。一個富有改革精神的機構領導者經常會歡迎改革所帶來的能量，而不擔憂隨之而來的失序，而一個改革運動的領袖應該明白他也需要有機制的穩定結構，來保存改革所帶來的變化。

　　但是，當社會面臨一個亟須改革的問題，而現有的機制卻因為自身對社會改革的保守本質，而對其層層設限時，其結果經常是令人絕望的。現在的問題變為：「如何重新調配社會機構所具有的力量，來達到預期的結果？」在一定的條件下，這是一個好問題，但是如果認為機構是唯一需要考慮的因素，這就不是個好問題了。如果只考慮機構內部因素的話，少數人所懷有脆弱的、未經考驗的對改革的憧憬，就要與根深柢固、無所不在的現有機制的清規戒律對抗，改革往往還未開始就無疾而終了。

　　受到現有機構的限制，懷有改革理想的人們往往希望運用他們的能量來影響機構的領導階層，讓他們能從另一個角度看問題。如果他們能如願以償，這也不失為一個好的策略。但是也常有事與願違的時候，領導階層不再支持改革，改革者覺得領導階層背叛了他們，於是，彼此不滿是唯一可能的結果。當一個機構對現存秩序的

關心，或者說是對他們自己職位的關心大於對改革的興趣，而改革者除了走上層路線別無他策的話，他們往往只能因為洩氣而棄船離去。

但是社會改革運動卻可以由另一條途徑實現。我對社會運動的理解源於我對一個現象的觀察所產生的一個問題：當大多數人因為現存機制的阻力而放棄時，總有一些人從這阻力中找到鼓吹改革的動力，為什麼呢？

我看到這樣的人持有一種「社會改革的心態」。持有這種心態的人把阻力看作是事情的開端，而不是事情的終結；懷有這種心態的人不但認為改革不因為阻力而停止，他們反而認為改革因為阻力而發生。阻力本身就表明對新事物的需要，它鼓勵我們另闢蹊徑，並為有志改革者添加能量。

如果由種族主義或男性至上的社會機制來限定改革的範疇和規則，民權運動和婦女運動恐怕早就胎死腹中了。但是，少數族裔和婦女中的一些改革者將當時的社會機制所產生的阻力點石成金，他們把社會對改革的障礙和敵視變成對自己的激勵和力量。在這兩次社會改革運動中，改革者們將來自社會機制的阻力作為跳板，使自己跳出機制的羈絆。他們從體制外發現了制衡體制的力量，並將這些反體制的力量組合起來，為他們自己創造了能產生影響力的機構。

社會改革運動的基本機制是一個矛盾統一體，它摒棄了現有機制的邏輯，以取得改造現存機制所必需的勢力。民權運動和女權運動都必須從種族主義和男權主義的桎梏下解放出來，才有可能得到力量，然後借助這力量，他們改變了現存的形勢、法律和社會。

為了教育改革，我們必須掌握這一矛盾統一的規律。我們必須了解社會改革運動內在的邏輯性，了解社會改革的進程，這樣我們

才能知道眼下所處的位置，並知道眼下應該怎麼做。從我所研究過的社會改革運動中，不論是民權運動、女權運動、東歐、南非和拉丁美洲的民主運動，或是同性戀權益運動，我發現社會改革運動有四個明顯的階段。

如同任何一個模式，這個社會改革運動的模式也只是在理想化的條件下才成立。現實的發展遠不如理論所描述的這樣井井有條。階段之間有重合、有反覆、有跳躍式的進展，但是把這些階段定義下來，無論定義得多麼抽象，都有助於我們從社會改革混亂的力量衝突中，理出運動的頭緒。

第一階段，零星分散的個別人士決定「**不再分隔**」地生活，他們從現存體制之外找到了他們生活的重心所在。

第二階段，零星分散的個別改革者同聲相應、同氣相求，形成**改革者同盟**，同盟讓他們相互支持，並分享對將來的展望。

第三階段，這些改革者同盟走向**社會**，將他們自己對社會問題的關注變成社會對這些問題的關注，並在這一過程中受到猛烈的批評。

第四階段，一個替代的**獎勵機制**的出現，使社會改革運動持續發展，日益迫切地要求改變現有的獎勵機制。

我接下來將逐一探討這四個階段，但不只是為了回顧過去。理解了社會改革運動的過程，實際上我們會發現，我們已經身處教育改革運動之中。我們會發現一個有心改革的人，正處在一個掌握著真正力量的邊緣。這是個體的內心真實所帶來的力量，一旦表現在社會改革運動中，就將改變我們的時代。當我們了解到這樣的力量是我們觸手可及，我們就比較不會屈服於現有機制的桎梏，比較不會因為絕望而安於現狀。

合一的生活

　　一個社會改革運動儘管一開始可能無聲無息，卻是可以準確地界定的。通常，運動開始於一些分散零星的個體，在一個需要變革的情境中備受煎熬，最終決定不再生活在這種「分隔」之中。這些人面臨著在自我窒息與優質的生活和教育不可少的自我認同之間做出選擇。

　　我們中間許多人都經歷過這種分隔的人生，我們在內心裡經歷一個強有力的自我騷動，但外在行為卻源於一個不同的自我。這是人生的常態，我們的內心和外在狀態永遠不可能完全和諧。可是，當一個人的行事為人處處與自我相違背時，這樣極端的分隔就變得難以承受了。一旦對某個社會問題的這種衝突發生在一個又一個個體的內心時，社會改革運動的雛型就形成了。

　　生活在分隔的自我中有其獨特的病理解釋。我們生活在現存的社會環境之下，包括我們的學校、工作場所和公民社會，它們提供我們所看重的各種機會，但是，它們同時也把一些與我們內心不一致的東西強加給我們。譬如，我們所服務的公司要求我們無論對錯都要對它忠誠，這與我們內心要信守真實的願望是相違背的。在一定的程度上，這種對立所產生的張力可以是有建設性的；可是當我們整個身心成為公司的附屬品，當我們強迫把公司的邏輯內化為主宰我們生活的內在邏輯時，它就是病態的了。

　　不在分隔下生活，意味著在一個人的生活中找到一個獨立於機制及其要求之外新的中心。這並非意指要你掛冠而去，另謀高就，你仍可以在原來的職位上。但這卻是意味著你在精神上的獨立，意味著在機構之外，找到一個基於自我的立足點——站在這兒，可以

讓你更堅定地對抗現存機制要改變你個人內心生活的企圖。

當夠多的人在夠長的時間裡決定不再過分隔的生活時，它最終將產生社會和政治的影響。但這不是一個為了達到某種政治目的而採取的策略上的決定；這是一個為了自我和自我的完整而做的個人化的決定。這不是一個要否定他人信仰的策略，而是對掌管內心生活的自我之基本要素的昇華。一個成熟的社會改革運動的力量，在於它起始於確定和宣告自我和自我的完整，而不是指責「敵人」或對立的一方缺乏自我和自我的完整。

我把這個決定稱為羅莎・派克（Rosa Parks）的決定，因為她是我們合一生活的最高表率。事實上，她仍應該是我們的楷模，因為由她所開始的社會改革運動仍然任重道遠。一九五五年十二月一日，在阿拉巴馬的蒙格瑪瑞市（Montgomery），羅莎・派克決定不再過分隔的生活，決定不再活得像一個次等公民，就像當時的社會要求她那樣。她決定活出她內心所知道的人性尊嚴，於是，她做了一件簡單的事：在種族隔離的公共汽車上，坐了為白人專設的座位，並且拒絕讓座給一個白人。

羅莎・派克為這一決定做了長久的預備。她在海蘭德福克高中（Highlander Folk School）時就學習了與暴力抗爭的方法。她在促進有色人種全國協會（National Association for the Advancement of Colored People, NAACP）蒙格瑪瑞市分部擔任過祕書。在她的行動之前，已經有過馬丁・路德・金（Martin Luther King）所領導的「拒搭公車」運動。聯邦法院已經裁決種族隔離的公共交通系統不符合憲法，這為以後的民權運動注入了原動力。

我們常常是帶著事後才可能有的前瞻性，來重塑歷史上的重大社會改革運動。當我們這樣做時，我們忽略了孤單的先行者在做出決定的那一刻所可能感受到的焦慮和疑惑。而當我們忽略了他們的

焦慮和疑惑時，我們也忽略了我們自身所擁有的力量。

海蘭德福克高中的創辦人梅爾斯・何頓（Myles Horton）提起他把羅莎・派克介紹給愛麗諾・羅斯福（Eleanor Roosevelt，羅斯福總統夫人）時的情景：

> 羅斯福夫人問：「派克太太，有沒有人稱你為共產主義分子啊？」羅莎說：「有。」羅斯福夫人又說：「我猜想梅爾斯一定告訴過你，如果你是海蘭德高中的學生，你會被稱為共產主義分子。」羅莎說我不曾這樣警告過她，羅斯福夫人為此批評了我。我說：「如果我知道她日後要做的事，我會警告她的。可是當她在海蘭德就讀時，她說她不打算做任何事，她說白人不會讓黑人做任何事的。而且，黑人們也沒有團結在一起，所以她不打算採取任何行動。我實在看不到有什麼必要去警告一個不打算採取任何行動的人被當作共產主義分子的危險。如果我知道她會是引發民權運動的起始點，我一定早就警告她了。」羅莎這時說：「是的，他後來確實是警告過我，不過是在我被捕之後。」

羅莎・派克顯然是戰勝了自身的恐懼才有所行動的，但是當她那樣做的時候，她並不知道她所學的無暴力抗爭的策略是否一定有效。她不知道她的同伴們會與她共進退，她也不知道她的行動將激起全國性的風潮。事實上，在她之前也有人採取過同樣的行動，但除了被懲罰以外，一無所獲。如果羅莎事先精心算計過她創造歷史的機會，她很可能就坐回公共汽車的後排去了。她的決定只能出自我們唯一感到有把握的東西，不論這種感覺是多麼岌岌可危，它只

能出自我們的自我，只有我們的自我能告訴我們，我們必須實踐這個決定。

為什麼羅莎・派克那天堅持不讓座呢？她自己給了最好的回答：「人們總是說，我不讓座給白人是因為我累了。這不是真的，我的身體並不疲倦，至少不比任何一天的工作之後更加疲倦。我也還不老，儘管在人們的印象中我可能老了，但我只有四十二歲。不！如果要說疲倦的話，我只是厭倦了屈從於他人。」

羅莎・派克的話讓我們回到她的行動背後簡單樸實的人文情懷。她確實是厭倦了，在心靈中厭倦了。不但對種族主義厭倦了，而且為自己與種族主義已經式微的影響妥協而厭倦了，她厭倦了無休止地讓座給白人，厭倦了與種族主義的妥協帶給她的內心衝突。

我們常忽視了隱藏在這一分析中關於社會變革運動的一個事實：決定不再於分隔下生活的個體不僅批判現存的機制，他們同樣批判自我。選擇合一的生活，意味著認識到如果自己不隨波逐流的話，現存的社會機制不應該有能力控制我。我最直接的問題不再是「那些人」或「那個地方」，我最直接的問題是我自己以及我與現存機制的同流合污。因為同流合污，我忍讓現存機制對我的控制。

選擇過合一的生活使 Pogo 的原則變得有血有肉：「我們已遇見過我們的敵人，那就是我們自己。」一旦我們決定不再與自己為敵，我們就擺脫了現存機構的束縛，而得到與之抗衡的力量。但是，我必須小心地討論改革運動與現存機制的關係。

我們總是把社會改革運動想像成充滿仇恨或自以為正義，它不斷抨擊舊有的社會結構，直至它土崩瓦解。我們總是貶義地將它與來自機構內部的、呵護現有機制的「緩和、持續和負責任的」變化過程相對照。其實，這一描述可以對換過來形容這兩個過程。局限於體制內改革的人，很可能因為與內部改革的敵對力量難捨難分，

而為現有機構的弊病所轄制;而從事改革運動的人則可能由於對現有機構愛之深、責之切,不忍聽任它日漸式微。

這正是羅莎·派克對美國民主體制的感覺,儘管它允許種族主義的盛行,民主體制不會被蔑視,或被不分種族的極權主義的幻想所替代。民主體制應該從退化的狀態下被解救出來,以達成它的最高使命。認識到敵對的力量不僅是「外在的」,更是「內在的」存在於我們與邪惡的種族主義的妥協之中,羅莎·派克才有基於愛而非恨來採取她的行動之能力。這愛能將我們從我們內心和我們周圍的敵對力量中贖回。

這所有的一切與教育改革有什麼關係呢?當我對社會改革的本質有了更清楚的認識時,我在全國各地遇到的許多老師都讓我想起羅莎·派克:他們對教育事業愛之深、責之切,不忍聽任教育功能日漸式微。不論他們自己是否意識到這一點,他們決定不再生活在分隔中,從而點燃了教育改革運動的星星之火。

這些老師仍然富有當年引領他們進入教育專業的熱情,他們不願失去對所從事的職業之原動力,他們知道自己關懷學生的生活,不願失去與年輕一代的聯繫。他們理解自己投入教育中的完整自我,而且願意在教育中投入更多自我,即便這樣的投入既不被學校重視,也不會給個人帶來任何收益。

對這些老師來說,教學就是即使他們所任教的學校要他們坐到後排去,他們仍會選擇坐在公車的前排;他們不再為教學在學校中的地位低下而抱怨,並且不再在這樣的局面下委屈求全。相反地,他們的行動發揚光大了他們對教學重要性的承諾。他們所做的就如同在公共汽車上拒絕讓座那樣簡單:他們每日的教學都遵循心中最深刻的價值觀,而不是按照學校規定的標準。有時,他們冒天下之大不韙,在制定教學政策的公開場合鼓吹自己新式的教學方法。

是什麼力量讓這些老師甘願冒險，而決定不再生活在分隔中呢？是什麼讓人們有這樣的勇氣把內心的信念與外在的行為統一起來，明知這樣做可能會遭到現存體制的迎頭痛擊，甚至有可能失去他的形象、地位、安全、金錢和權力呢？坐在公車後排和堅持坐在前排的人之間的區別，可能已經失落在人心的奧祕中。可是從羅莎・派克和像她那樣的人身上，我看到問題的可能答案：當你意識到你再也不能與違背自我的東西妥協時，突然間你完全顛覆了自己對懲罰的觀念。

當員警走到羅莎・派克面前告訴她，如果她不坐到後面去的話，他們必須把她關進監獄時，她回答說：「請便。」這是用十分客氣的方式在表達這樣的意思：「與因為對種族主義的妥協而自我監禁的這些年相比，你的監獄算得了什麼呢？」

決定不再生活在分隔中，並有勇氣面對隨之而來的懲罰，來自這樣一個簡單的頓悟：**沒有任何懲罰可以比因為自取其辱而帶來的懲罰更為深重。**有了這樣的頓悟，人們就有能力打開從未上鎖的牢門，走進尊重內心所需要之充滿新的可能性的生活。

形成改革者同盟

無論做出不再生活在分隔中的決定背後的動機多麼強烈，一開始時它只是一株幼苗，它需要持續的扶持，因為做出決定的人很快就會感到不安和疑惑。這是自然的反應，因為我們生活其中的文化告訴我們，生活在分隔中是生活的常態。不再生活在分隔中說得好是愚蠢，說得不好是不負責任。

說不再生活在分隔中是愚蠢，因為你讓別人知道你的內心生活。人們會因此而嘲笑你或傷害你，所以，聰明的作法是把自己的

內心情感隱藏起來；說它是不負責任，因為一旦你暴露了內心的真實，你就不能再平心靜氣地從一個清高並「客觀」的角度來履行教師的職責。所以，你應該隱藏自己真實的內心來履行你的職責。

在改革運動的第二階段，那些決定不再生活在分隔中，但又對這一決定猶豫不決的人，會聚在一起並形成一個同心協力的群體，其最主要的目的就是互相鼓勵、消除疑惑、與志同道合者在一起。因為他們理解，所謂「正常」的行為可能是不正常的，而追求內心生活的完整卻一定是明智之舉。

在羅莎·派克所引發的社會改革運動中，人們在黑人教會中找到他們志同道合的同盟者。在整個美國南部，教會把他們聚集在一起，讓他們知道在他們追求合一生活的過程中，他們並不勢單力薄。教會並不只是提供了聚會的場所，更提供了讓改革的宗旨有持續發揚光大的機會。

這是志同道合的群體的第二個動能：讓改革者能找到傳達改革運動宗旨的語言，並讓這語言具有在嚴酷的社會現實中存活及成長所需要的活力。這些剛獲得自由的改革者一開始的對話是遲疑的，這遲疑是因為他們在一個講究現實的社會中談論夢想，在一個強調競爭的社會裡談論群體，在一個安循守舊的社會中談論冒險。人們在剛開始使用這種發自內心的語言時，需要一個練習的機會來熟悉它，讓自己所說的得到志同道合者的認可，然後可以放膽對一群對改革心存疑惑或敵對的人群釋放資訊。

當馬丁·路德·金向人們分享他的「一個夢想」和「山頂的城市」的意象時，他所用的比喻來自歷史的沉積，但卻又是民權運動的群體所用的語言。它們不屬於偉大的演說家馬丁·路德·金，它們是黑人教會中一般會眾常用的語言，因而具有了語言的感染力。

這些教會還為改革的志同道合的群體提供了第三個功能：它是

改革者為練習把改革宗旨推向世界所必須具備的技能演兵場。對此我曾有過很深刻的體驗。有一次在喬治亞州的鄉間訪問，受邀到一個黑人的小教會參加敬拜，我正好趕上了成人主日學，與另外幾位一起學習聖經中的章節。令我驚奇的是，他們在主日學採用了《羅伯特議事規則》（*Robert's Rules of Order*），每個人都有自己的角色扮演：一位是主席、一位是祕書，還有一位是議員。

事後，我和邀請我去教會的那位朋友分享了我的疑惑，他是那個地區的居民，而且也是那個教會的會友。為什麼只有三個人的主日學還要實踐那樣的議事規則呢？簡簡單單地坐下來說豈不更有效果？

他說：「你不了解你所看見的。這所教會是我們社會中這些被剝奪了管理政府機會的人學習政府管理方式的一個場所。總有一天，這些人會在社會上找到他們應該有的位置，那時他們就具備了履行他們職權的能力。」

這樣的志同道合者的團體對於教育改革是至關重要的，但是學術活動的個人化，使這樣群體的形成並不容易。通常我在一個校園待了一兩天之後，就會意識到這個事實。當我的公開講演結束時，總會有人走近前來大嘆苦經：「我完全同意你對教學的主張，但是我是這個學校裡唯一作如是想的人。」在第二場公共講演之後，又會有三、四個老師個別地向我吐露同樣的心聲。

當我結束訪問要離開學校時，我已經遇見了十至十五個這樣對教學有共同關注的老師，但是他們每個人都堅持認為他們是整個學校裡唯一有志改革教學的人。不只一次地我為他們相互介紹，希望在這些志同道合者中播下群體的種子，讓群體在這個學校中發展壯大。當他們中間的二、三人聚集在一起並立志改革教學時，一個這樣的群體就應運而生了。根據我的觀察，這樣的群體特別容易在女

老師之間產生，因為投身於這樣的群體對她們有一石二鳥之效：既改進了教學，又改善了女性在學術界的地位。

要想讓這樣志同道合者的群體發展到足以產生影響力，必須有結構上的支援。黑人的教會就為民權運動提供了這樣的支援。教會為廣泛關心民權運動的會眾提供了穩固的組織，提供了組織賴以存在的一整套鼓吹解放的言詞系統。在教育界是否也存在著為了不願繼續生活在分隔中的老師之遮風蔽雨的組織結構呢？

像黑人教會那樣的既有公信力、又有權威的組織機構是不存在的，但這並不意味著教育改革的敗局已定。我知道有兩個這樣的教育機構具備推動教學改革的潛力，並已經開始顯示出這樣的功能，儘管作用還十分微弱。一個是在不少校園中已存在規模不等的「教學中心」，這些中心經常為學校中需要提高教學技能的老師提供這方面的培訓計畫，有意無意地，這樣的中心為有志改革的老師提供了相互認識、相互交流，以及發現各種方式相互支援的機會和場所。

另一個機構是全國和地區性以深化改革為宗旨的各種專業協會。在高等教育中，有通識與共同科學會（Association for General and Liberal Studies）、美國高等教育學會（American Association of Higher Education）、高等教育專業發展協會（Professional and Organizational Development Network in Higher Education）等。那些感到在自己學校中孤軍奮戰的改革者可以出席這些組織的年會，然後因為在新組織中找到的同盟軍和朋友而變得意氣風發，儘管這些支持者不在本校園內。

投身於改革運動的人往往在外地比在本校中有更多的朋友，因為一個讓全國振奮的改革話題在本地就變得令人生畏。可是，當我問那些感到勢單力薄而有志改革的老師們，為傳播他們的改革異象

曾做了什麼時，大多數的老師說他們什麼也沒有做——這正是他們孤立的原因。如果迷失者不點燃求救的火把，他們是不會被尋見的。

只有一個方法能在自己的校園中找到朋友，只有一個方法能讓志同道合者的群體開始生根發芽，那就是公開自己不再生活在分隔中的決定。這樣做的結果可能導致人們對這個決定的責難，但是一旦我們公開地、切實可行地宣布我們賦予教學的價值，我們將驚喜地看到我們的同盟軍是如何聚集在改革的大纛之下。

走向公眾社會

改革運動在第二階段的力量來自志同道合者所形成的群體，以鞏固他們脆弱的信仰。但從兩個方面來看，這樣的力量也正是它的薄弱環節：如果我們只是與持相同信仰的人對話，而不面向大眾，改革運動是不會發生的，而且我們很可能會因所形成的錯覺而犯錯。

當一個改革運動走向社會時，它不但有機會以它的價值觀影響他人，它也會遇到來自他人的挑戰，使改革者不得不審視自己所持的價值觀。當我們決定不再生活在分隔中時，我們經歷了強烈的「內心鬥爭」。當我們走進一起形成志同道合者的群體時，我們感受到強烈的相互支援。這讓我們幾乎很難不覺得自以為是，唯一讓我們能棄短取長的是把改革運動置於社會的審視批判之下，並且十分鄭重地對待來自社會的批判。

當我與別人討論改革運動發展的模式時，常有人批判這個模式是非不分。這樣的模式既可以用來描述人們所反對的保守運動，也可以用來描述人們所擁護的自由化運動。更糟糕的是，任何以「不

再生活在分隔中」為開端的社會運動,都讓人聯繫到法西斯主義的思潮。那時人們就是決定把他們心中的邪惡念頭付諸行動,以達到內外的和諧一致,如納粹主義、三 K 黨運動或是白人至上主義等。

對這樣的批評,我的第一個回答是,社會變革的舞台並不為知識分子所鍾愛的思想與行為的純粹性提供避風港。不能保證社會改革運動一定按照我認為是高尚正義的目標發展,正如我們不能保證一個組織一定會追求一個高尚正義的目標一樣。這世界的生活是混亂的,既是苦難的根源又是創造性的源泉,如果我們試圖改革社會,我們就必須接受這個混亂的現實。

我的第二個回答是,無論我是否贊同運動的目標,我要做的是區別真實的改革運動與虛假的改革運動。區別二者的關鍵在於是否願意在發展的第三階段把運動推向社會。法西斯的「運動」不願意走向社會,因為拒絕走向社會,這就不是一個運動,而是一個強制力量的運用。

一個真正改革運動的領袖自願把改革的理念推向社會,並與大眾交換意見,因為他了解這樣的對話所產生的理解和感召力是形成權威的途徑。但在法西斯「運動」中,領袖們對於向公眾公布理念並接受批評沒有興趣。相反地,他們關閉與公共社會之間的大門,使他們的理念不致受到批判,因此不會形成反運動的制衡力量來反對他們。

在一個專制的社會中,公眾空間被專制力量關閉:沒有公共集合的場所,沒有結社的自由,沒有言論自由,也沒有真正意義上的政治。但是,即使在我們這樣的社會,公眾空間儘管削弱,仍依然存在,虛假的社會改革運動則設法逃避公眾的監督和對公眾的責任。我想到我們社會中一些宗教極端分子的組織,他們的領袖們鬼鬼祟祟地不宣布他們真實的信仰,直至他們在公職選舉中獲勝。這

說明即使在一個開放的公眾社會中，仍有可能暫時地逃避公眾的監督。但是，如果一個團體這樣做的話，他們就不再是一個有道德權威的社會運動，而淪為赤裸裸的對權力的操縱。

當我們將當前的教育改革運動放在公眾的聚焦鏡下時，我們看到這場改革按部就班、有條不紊地進行，以致我們幾乎感覺不到它的影響。儘管教育改革還沒有達成任何重要的目標，它的形象和信條卻已經為公眾所熟知了。

關於教育改革的書已相繼問市，其中有些還上了銷售排行榜。許多改革的演講在各處舉行，在研討會和會議中播下改革的種子，新的全國或地區的專業團體為教學改革搖旗吶喊。在校園中，感到孤立的、有志改革的老師們在這些專業團體中得到慰藉和支持。舊有的專業團體也把教育改革視為重新煥發活力的契機。

更重要的是，改革運動已經走出校園，融入校外的公眾社會中。家長們、學校的教職員工們、政府官員們和時事評論家持續並有效地召喚社會對教育改革給予更多的重現。下面這個例子來自一個教育改革中的冷門領域：會計教育。

> 大部分會計系的畢業生希望能被「六大」（Big Six）會計公司聘用。這是六所大型的國際會計公司，「六大」每年聘用一萬名畢業生，並捐贈兩千萬美元給高等教育……

> 一九八九年，六大公司的總裁聯合署名了一篇文章，詳細說明了專業人士對教育界的要求……文章細述了會計公司期望所雇用的會計專業畢業生所具有的知識和技能（其中包括了對本公司的社會和文化背景的了解、創造性地解決問題的能力、有效率的交流能力、與不同背景的人

一起工作的能力,以及接受衝突並解決衝突的能力)。

　　總裁們的報告如是說……「通過會計師資格考試（Certification of Public Accountant, CPA）不應該成為會計教育的目標。會計教育的重點應該是發展學生分析和抽象性思維的能力,而不是背誦日益繁瑣的會計專業條例。」

　　在這本白皮書中,「六大」承諾了日後五年中要捐贈四百萬美元,並按他們的理想來改革會計教育的課程。捐贈將用於設計新的會計教育課程及實施新的教學方法。

　　當教學改革成為六大總裁口中的新詞彙,並且他們以此來對商學院的教學施加影響時,你可以看到教育改革運動已經在公眾社會中產生影響,儘管這一影響尚還微不足道。

　　從教育改革走向社會的過程可以看到,真實的改革行動遠不及我的改革模式所描述的那樣整齊劃一。譬如,教育改革進入模式第三階段的程度,與它在第二階段的規模不成比例:社會公眾對改革的議論大大超過了在個人化的傳統教育環境中所形成的零星改革同盟所預期能產生的影響。

　　但是,這一發展階段的不平衡不應該視為對改革模式的否定,它正反映了模式的可貴,因為對模式的偏離要求我們做出解釋。發生在第二和第三階段之間的不平衡可能來自這樣的事實:改革的酵母可能不是來自傳統學校中的教育工作者,而是來自於其他領域中從事教育工作的人士,如商業界和工業界中的教育人士,他們目前正擔負著全美國一半以上的高等教育任務。

　　許多公司都有公司內的「高等教育」,幫助員工能跟上迅速發展的社會、新技術和新的市場。如六大會計公司都「有自己的教育部門,為其專業人士提供持續的、研究所程度的教育課程。任何一

家公司一年都提供一百萬小時以上的在職教育，是不足為奇的」。
同樣，這些教育課程中運用的教學方法也遠比一般大學更富有創造
性，這也是不足為奇的現象。

　　如果我們知道如何運用這些龐大的非傳統教育領域中的能量，
便能幫助大學推動教育改革。但只有在傳統的教育者打破教學個體
化的藩籬，與非傳統教育領域中的教育者同心協力時，改革才能發
生。用瑪姬·皮爾希（Marge Piercy）的話來說，這開始於：

　　　　開始於你說「我們」
　　　　並知道你所指的是誰，
　　　　並且每一天都有新人
　　　　加入「我們」。

　　幾乎每一個我所拜訪過的大學校園，都有這樣的困境需要去突
破，那就是當教師使用非傳統的教學方法時，反而受到來自學生、
家長及同事的傳統思維所否定：「不要再用這種『感性』的東西教
學生！要涵蓋全部的課程內容，讓學生記住知識，教他們如何與別
人競爭，不然的話，你會讓學生在真實的工作世界中居於弱勢。」

　　具有諷刺意味的是：「實際的」工作世界（如「六大」）之所
以成為教學改革的主要源泉和實驗場所，正是因為傳統自上而下的
教學不能為實際的工作培養合乎要求的畢業生。學生、家長和一些
老師正落在這一滯後的教育中，他們希望聽到改革的消息。

　　當然，如果改革的消息只來自教育界人士，他們是不會相信
的，改革的消息必須來自具有權威之校外的實際工作本身。但是許
多老師（甚至更有可能是那些銳意改革的老師），卻把工商業界人
士看作敵人，而不是同盟軍。我們很少邀請他們，也不信任他們參

與教學改革，讓他們幫助我們的學生能在真實的工作環境中成功。

如果我們這些教育界人士能理解改革運動的發展軌跡，並有改革者的心態，那麼與社會上能幫助我們推動改革的人士形成同盟絕非難事。他們當中有一部分的人就在我們身邊，並很高興能與我們攜手合作——他們便是我們的校友和學校董事會的成員們。

但是，當我們從學生將來的雇主中尋求改革的同盟軍時，我們會發現，我們對他們所持的顧慮並不是完全沒有道理的。商業界對教學改革的興趣只在於一個簡單的目的：改進學生的基礎能力。除了少數人以外，並不是所有我們未來的同盟者都理解並推崇通識人文教育帶給我們學生的素養。不是所有的人都認同本書的一個主要命題：即優質的教學不僅僅是一個方法的問題。商業界比教育界更迷戀於方法的問題。

但是，在教育改革中攜手努力，並不要求我們的同盟者要與我們有完全一致的目標。當我們手挽著手，有時會發現，我們正被拖向危險之處。但是因為我們手挽著手，我們也可以有機會把別人拉向我們要去的方向。攜手共進使我們能橫跨先前毫不相干的領域，從中進行教與學。

當改革運動走向公眾社會時，每一個參與者的自我認同和自我統整都將在公共空間中經歷價值觀不同或願景不同的考驗。要在這充滿錯綜複雜的各種力量的空間中不迷失，我們必須緊緊把握住我們的自我，但同時又必須冒險開放自我接受不同意見的影響。唯有如此，我們的自我和我們所參與其中的改革運動才可能都有所成長。

來自內心的褒獎

　　改革運動模式的第四、也是最後一個階段，揭示了產生於改革運動第一階段中能量的完整軌跡。這能量從零星的個體擯棄現有社會體制開始，通過第二階段成為一個群體共有的能量，在第三階段成為公眾社會的能量，在第四階段又回到它的起始點，改變當初所擯棄的體制。

　　我之所以說「改變」而不說「轉型」或是「革命」，是因為改革運動所產生的後果一般是比較溫和的，它們很少造出一個新天地。大多數的改革運動並不顛覆現有的秩序，而只是做出漸進的改良，其改良的幅度正如湯姆士・墨頓（Thomas Merton）所說的：「我們不必為世界調整自己，我們可以調整世界。」改革運動很可能是對現存的現實做細微的調節，而不是創造一個全新的世界。

　　說得更謙虛一點，即使這些溫和的改變實現了，它們終究還是成為不那麼嶄新的舊制度，成為阻礙下一輪改革運動的社會機制。但它們仍然是改變。如果改革運動的原則是健康的，這些改變至少在一定的時間範圍內，也會是健康的。

　　改革運動之所以能改變一個現存的機制，是因為一個機制實質上是一套社會獎懲制度：做這個你將受懲罰，做那個你將獲褒獎。一個機構只要掌握著在一定活動範疇（如教與學）之內的獎懲制度，它就有權力控制參與活動之所有人的生活。

　　但是，如果一部分人認為這一機構的獎懲制度不合理（這是改革運動第一階段的關鍵），並且改革運動創立出一個替代的褒獎制度，獎勵這些人所看重的活動（這是第四階段的關鍵），機構所擁有的權力就式微了。到這個時候，機構就會意識到變革的需要，免

得大權旁落，讓他們與人們的生活不再相干了。

比如說，要是全美國的高等教育都被傳統的大學和學院壟斷了，則沒有任何高校會感到有變革的需要，任何一位老師和學生都必須按照他們的規則行事。但是，如果半數以上的高等教育是由商業界、工業界和軍界來提供的話，傳統大學就可能坐立不安，願意打開變革的門了。

怎樣的替代獎勵制度能促使傳統機制重新制定它的規則呢？在改革運動發展壯大的每一個階段，它都為改革者提供了無形但有力的褒獎。在第一階段，人們受到褒獎是因為他們能更深刻地了解自我。在第二階段，人們受到褒獎是因為有志同道合者的支持。在第三階段，人們受到褒獎是因為他們的社會生活更為廣闊。隨著改革運動的發展，人們從日常工作中原本不能找到的意義，如今在運動中找到了；人們在工作環境中原本不能得到同事的認可，現在在改革者的群體中得到了；本來令人心灰意懶的職業，也因為改革運動的激勵而重煥光輝。

除了精神上的褒獎，改革運動也提供物質上的獎勵。比如，有人為改革運動的組織工作，帶來不無小補的額外收入。為改革運動工作還可以從其他途徑帶來經濟上的收益：有不少投身於改革的專業人士已經出版著作，或是他們為改革發表的文章，幫助他們在傳統的機構中順利升等，獲得永久聘書。

隨著改革運動的發展，傳統的大學終究會為改革後的教學提供越來越多的活動空間，並獎勵這樣的教學。四十年前，公開地為種族平等改革運動工作的人幾乎找不到任何有薪資的工作；今天，許多機構為了雇員之間性別和種族的和諧與平等而專門聘用多元文化的專家。四十年前，女性和黑人被認為不適於在學術界工作；今天，黑人和女性學者是最搶手的雇用目標。

　　在改革運動的最後一個階段中，各種褒獎都反映出人們拒絕生活在分隔中之後所得到的最根本的褒獎。在第一階段中，人們感受到沒有任何懲罰比自己與詆毀自己的力量妥協所帶來的懲罰更為嚴厲。在第四階段，人們感受到沒有褒獎能比活出真實的自己所帶來的褒獎更加珍貴。當有更多人擁抱這樣的理念，大學行政機構就被迫作出妥協，因為它們不再擁有控制人心的殺手鐗。

　　比起大學傳統的獎勵方式（如加薪、升等、地位等的利益），改革運動所帶來的褒獎似乎太過單薄，事實也確是如此。誠如憤世嫉俗者的說法，人格的健全並不能給家裡帶來麵包。可是投身於改革運動的人會逐漸發現，麵包的多寡不再是他們生活中的主要關注點——並不是因為他們已有足夠的麵包，而是他們有更深層的渴望。因為他們明白，人活著，不是單靠食物。

　　改革運動的進程是對現有機制所固有的壅塞和無望的一個變通，一個對歷史的先例和影響的變通。但是，儘管這整整一章都是用來描述改革運動的軌跡及其對教育改革的含意，我不得不承認一點：儘管改革的途徑已經標明在地圖上，我們仍可能墨守成規，且並非出於無知。

　　我們有時堅持認為，通過現有體制進行改革是達成任何改革的唯一途徑，因為這樣的想法讓我們有一種不正常的安逸感：這樣，當這唯一的途徑被阻塞，就像現實中常發生的那樣，我們就可以憤憤不平地歸咎於外在的各種因素，而不去承擔我們應承擔的責任。我們內心的一部分正因不必為新生活冒險而暗喜：如果我們知道還有另一種可能的活法，天曉得我們將怎麼過！對學術界人士來說，即使是我們當中最理想主義的人，也常為這種「死而後快」的願望所驅動。改革運動最深刻、最強烈的阻力正可能來自曾致力改革的人，因為他們曾在改革的前線受傷累累，再沒有勇氣另闢戰場。

我打從心底就是個教師，但是我並不嚮往篳路藍縷的社會改革；我寧可教書，也不想花時間和精力去推動改革，還要接受隨之而來的種種打擊。但是，如果我關注教學，我必然不只要關注我的學生和我所教的學科，也必然得關注教師們在教學中所處的內在和外在的工作環境。在教育改革運動中找到自己應有的位置，是實踐這種廣泛關注的一個可能。

改革運動的四個階段可以幫助我們找到自己的定位。我們中間有些人已決定不再生活在分隔中，決定要讓我們的教學工作和我們賦予教學的意義相稱；我們中間有另一些人正在尋求志同道合者，讓我們在改革中相互支援；我們中間還有一些人正把我們對教育的信念推向公眾，為我們的信念發聲，並迎接隨之而來的挑戰。當我們體驗到活出生命真光的滿足感，更有些人則感受到了世俗獎勵是何等的軟弱無力。

找到自己在改革中的位置，我們會發現，熱愛教育和從事改革原來是可以和諧共存的。真正的改革運動不是一場權力鬥爭，而是更具廣泛意義的教與學。現在，整個世界是我們的課堂，教與學的機會隨處可見。我們所需做的只是開放我們的心靈和才智，在這世界上活出自己的真我。

就這樣，我們完成了一個循環，回到了本書開始的地方：回到我們內心的力量，與超越自我的力量同心協力，共同創造一個不同的世界。如詩人茹米（Rumi）所說：「如果你不忠實於我們，你正給我們造成極大的傷害。」

他所說的例證到處可見，而且不僅限於教育：當我們不忠實於我們內在的教師或是求真的群體時，我們給我們自己、我們的學生以及我們所持守的世界上的偉大事物，帶來令人痛惜的傷害。

但是茹米一定會同意，他所說的反面也是真的。如果你對我們

真實，你正帶來豐盛的祝福。對未來世代代的學生來說，這不啻
是一個祝福——他們的生命將因為這些有教學勇氣的人而改變。因
為這些教師有勇氣把他們的教學建立在內心和世界之間那最真實的
地方，有勇氣邀請學生進入這樣的地方去發現、去探索，並在他們
自己的真實生命中找到安身立命之處。❧

國家圖書館出版品預行編目資料

教學的勇氣——探索教師生命的內在視界／
Parker J. Palmer 著；藍雲，陳世佳譯. --
初版. -- 臺北市：心理，2009.03
　　面；　公分. --（教育現場系列；41132）
　　譯自：The courage to teach: exploring the
inner landscape of a teacher's life
　　ISBN 978-986-191-235-6（平裝）

1. 教師　2. 教學法　3. 學習

522.1　　　　　　　　　　　　　　98000781

教育現場系列 41132

教學的勇氣——探索教師生命的內在視界

作　　者：Parker J. Palmer
譯　　者：藍　雲、陳世佳
執行編輯：林汝穎
總 編 輯：林敬堯
發 行 人：洪有義
出 版 者：心理出版社股份有限公司
地　　址：231 新北市新店區光明街 288 號 7 樓
電　　話：(02) 29150566
傳　　真：(02) 29152928
郵撥帳號：19293172　心理出版社股份有限公司
網　　址：http://www.psy.com.tw
電子信箱：psychoco@ms15.hinet.net
駐美代表：Lisa Wu（lisawu99@optonline.net）
排 版 者：龍虎電腦排版股份有限公司
印 刷 者：竹陞印刷企業有限公司
初版一刷：2009 年 3 月
初版九刷：2020 年 8 月
Ｉ Ｓ Ｂ Ｎ：978-986-191-235-6
定　　價：新台幣 250 元